五感を研ぎ澄ませば
子どもがのびのび育つ！

ハッピーがつづく「五感で感じる」子育て

さちこども歯科院長　鈴木祥与

イラスト　小瀧桂加

游藝舎
YUGEISHA

はじめに

平日の昼下がり。

午後の診療が始まる少し前から、「さちこども歯科」には多くの親子連れが訪れます。

待合室では、お母さんのお膝に乗って診療を待っている子や、お母さんの隣でゲームをしている小学生の子、長く医院に通ってくれている見慣れた子など、たくさんの子どもたちの姿を毎日見ることができます。私は、彼らを診察し、その成長を見守れることが、楽しくて仕方がないのです。

その一方で、お母さんたちは少々お疲れ気味……。「忙しい中来ていただきありがとうございます」という気持ちでいっぱいになります。

はじめまして。さちこども歯科の院長、鈴木祥与と申します。

母親が自宅で珠算塾をやっていたため、私は赤ちゃんのときからたくさんの子どもといろいろな関わり方をしながら育ちました。将来は「子どもと関わる仕事をしたい」と思い、子ども専門の歯科医師として生きていくことを決意、以来30年以上、歯科医師として数えきれないほど多くの子どもたちをみてきました。

歯科医院にかかる、実に8割以上のお母さんが子育てに「不安」を持っていて、子どもをどう育てればいいかわからない……そんな方がたくさんいることを日々の診察の中で目の当たりにし、少しでもその不安を払拭する一助になればと、本書を執筆することに決めました。

ある30代のお母さんはため息をつきながら、3カ月に一度の定期健診に来られました。

かわいさ真っ盛りの3歳の子。それなのに、お母さんの顔は冴えません。

「お母さん、何かありました？」

「先生この子、何度も何度も卒乳にトライしたのに卒乳できていないんです……。保育園の先生からも〝遅いんじゃないか〟って言われて。心配で心配で……」というのです。

そんなお母さんを横目に、お子さんを診せてもらうと、お母さんの心配はまるで杞憂だということがわかります。口の中には可愛い歯が並んでいて、健康そのもの。私がしゃべりかけるとにこっと笑ってくれるのです。

「心配だ」「不安だ」を繰り返すお母さんに私は、こう語りかけました。

「〇〇ちゃん、本当に可愛いですね。卒乳ができなくて心配なお母さんの気持ちもよくわかります。だけどね、大丈夫。この子にとって今、おっぱいが必要だから飲んでいるのよ」

お母さんは黙って聞いています。

「他のお子さんのことが気になるのもわかるけど、卒乳のタイミングはこの子自身が決めると思うの。今こうやって私とお母さんが話しているのもちゃんと聞いているから、待ってみましょう。ね？」　それでもお母さんの顔は晴れません。

「小学生や中学生にもなっておっぱいもらっている子、いないでしょう？」

そう言うと、やっとくすっと笑ってくれました。

私にそんなことを言われるなんて、思っていなかったのでしょう。「早く卒乳させたほうがいい」　そんなふうに言われたほうが、もしかしたらお母さんは楽だったのかもしれません。

「お母さんが今頑張るのは〝我慢すること〟ですよ。大丈夫、大丈夫。気になったらまた来てくださいね」

そう励まして帰したのです。

1カ月後。

その親子がまた来院してくれました。診察室に入って開口一番、「先生、卒乳できました！」とのこと。

私はお母さんのほうを見ながら「そうなんですね」とだけ話し、今日もご機嫌なお膝の上の子に「頑張ったね」と伝えました。


あんなに何度も失敗して難しいと悩んでいたのに、クリニックに訪れたあとたった1カ月で卒乳できたことに「なぜ？」と不思議に思う方もいらっしゃるかもしれません。まるでお子さんが、お母さんの悩みを聞いていたみたい……ついそんなふうに、考えてしまいますよね。

このような出来事は私の診察室ではあるあるの光景で、何も不思議なことではありません。

お母さんたちは、それぞれに悩みや不安を抱えていることが多いのですが、子どもは自分のペースで日々成長し、成長に必要なことは月齢や性別に関係なく時期が来れば取り入れます。

どんなに幼くても、子どもは成長するための「成長力」を持っていて、それを必要なときに発動させる、ただそれだけなのです。

心配や不安でいっぱいになっているお母さんが、子どもの「成長力」を信じることができたら、きっと今より子育ても楽しく充実したものになるはず。

私はそう思って長年、多くのお母さんに声をかけつづけてきました。

そして気づいたのです。

子どもの「成長力」を信じられるようになるには、お母さん自身が子どもとしっかり向き合うことが大切であると。そしてそれには難しい子育て論などは不要で、人間にもともと備わっている「五感」を総動員することが鍵になると。

触れる・見る・聴く・嗅ぐ・味わう。


普段、五感で感じることを意識しながら暮らしていますか？

五感はセンサーです。

五感を使って子育てをすると、ほんの些細な子どもの変化にも気づけるようになります。それがお母さんの自信へとつながり、不安や心配が払拭されていくのです。そしてやがて子どもの「成長力」を信じることができるようになるわけです。


親が自分の成長を信じてくれる。

その事実は子どもにとてつもなく大きな力を与えます。

そして子どもは必ずそれに応え、自信を持ってどんどん成長し、自立していきます。実際、私もそんな子どもたちをたくさん見てきました。

本書を読まれるあなたにも、そんな子育てをしてほしい。そんな思いで、この本を書きました。

お母さん自身の五感を総動員して、子育てを楽しんでほしいのです。

そして本書を読み終わったとき、この世にたった一人のお子さんの存在がより愛おしくなってくれたら、こんなに嬉しいことはありません。

目次

Chapter 1
触れる

歯科が扱うのは、命の入り口

Chapter 2

見つめる

親が「見つめる」ことは子どもの成長に欠かせない

Chapter 3

聴く・嗅ぐ・味わう

耳を澄ますことでこんなにいろいろわかるんです

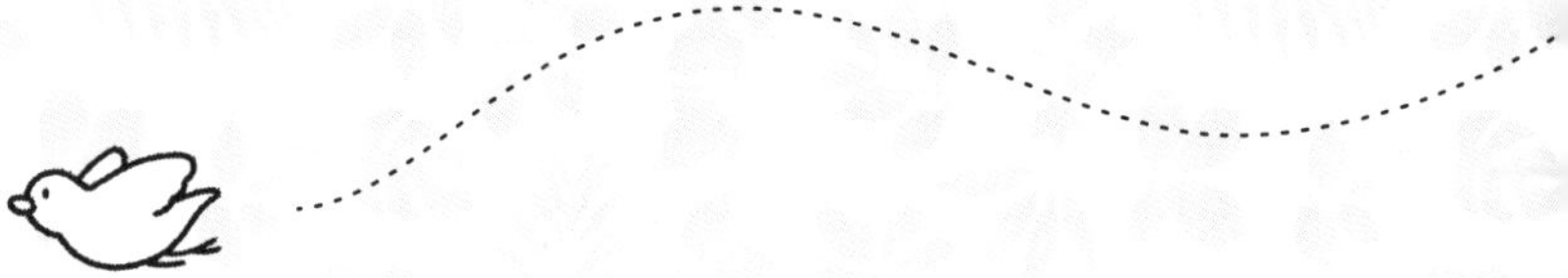

Column《コラム》

Chapter 4

身体の症状を解き明かすと

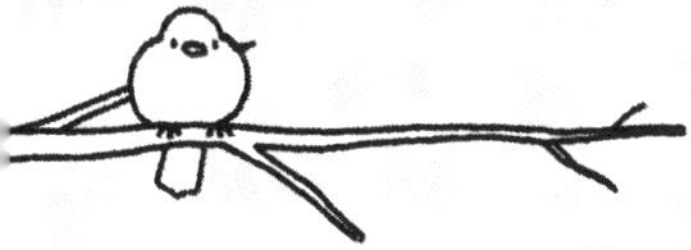

Chapter 5 自立への道中にある「悩み」という喜びについて

よくある悩み、解決の糸口はどこにある？

Column《コラム》

Chapter 6 感覚を研ぎ澄ませて歩こう

歩くことは万能である

Chapter 1

触れる

歯科が扱うのは、命の入り口

むし歯は菌だけが原因ではない？

元気なときは行かないのに、病気になると行くところは？

と聞かれれば、みなさんもうおわかりですよね。

そう、大人も子どもも、病気になったときに行くのが「病院」です。診療してもらって、薬をもらって快復する。当たり前の光景ですが、実は同じ病院でも「歯科」は、「医科」と大きな違いがあります。

歯科は、「たとえ病気でなくても定期的に通う場所」でもあるからです。最近は治療だけではなく、予防のために定期的に通院される方がぐっと増えました。

例えば当院では、むし歯予防のために通っていただいている患者さんはほぼ全員。一方、いわゆる削って詰める予約でいらっしゃる方は本当に少なくなりました。決してむし歯がないのではありません。むしろむし歯のある方はたくさんいらっしゃいます。

歯科は「むし歯や歯周病にならないように、ケアを積極的に行える場所」でもあるわけですが、医科ではその性質上、「予防」という観点にはなかなかならないようです。

「いやいや、医科は全身を扱うのに対して歯科は口の中ことしか治療しない。だからそれは当たり前のことでしょう?」と思われる方がいらっしゃるかもしれません。

たしかに私たちは全身の治療、管理はできません。

しかし、実は口の中に、医科の検査数値からは発見できないような全身の状態が見えるのです。ちょっと驚きですよね（笑）。

例えば、私の患者さんでこんな親子が来院されました。

「さち先生、きちんと磨いているはずなのにむし歯がちっとも良くならないんです」とお母さんは困った顔で私にそう言うのです。

私の目の前にちょこんと座った3歳の女の子。とてもかわいらしく、「ちょっと見せてね」というと素直にパカッとお口を開けて見せてくれます。むし歯が何本かある。私は口の中を見た上で、お母さんがよくわかっているであろう、生活習慣に関する必要な情報を聞き出すことにしました。

いつも○○ちゃん、何時に寝ていますか？

22～23時くらいですね。だけど、しっかり10時間は寝ているので、睡眠時間は足りていると思うんですけど……

寝起きはいいですか？

いえ……いつもグズグズして、30分くらいは起きられません

お母さん、せめて21時には寝かせるようにしてみてください。たぶんこの子には生活リズムを整えることが必要なのだと思います。だからむし歯も良くならない……。騙されたと思って、早めに寝かせるようにしてみてください。それで様子を見てくださいね。あ、むし歯のところは、進行しないようにお薬を塗っておきますから

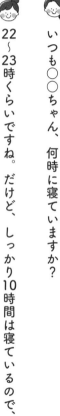

3歳の子どもが22～23時に就寝というのは遅いな、と思いました。具体的に理由は聞きませんでしたが、きっとなかなか眠くならなくてそのくらいの時間になってしまうのかもしれません。

寝起きが悪いことと、むし歯がなかなか良くならないこと……一見すると関連性はないように思えます。しかし、この子にとっては「22～23時の就寝が身体のリズムに合っていないからむし歯ができる」。そう感じた私は、むし歯の治療をする前にまず、早く寝かせて生活をこの子に合うように整えることを勧めました。

お母さんは、そんなことを言われるなんて思っていなかったのでしょう。一瞬返事が遅れるなど動揺しているのが見て取れました。

そして、最後まで不思議そうな顔をして帰っていきました。

1カ月後、再度こちらの親子が訪れたとき、明らかに子どもが活発で元気な様子が口の中を見ずともわかりました。明るい笑顔でぴょんぴょん跳ねて、元気いっぱい！　健康そのものです。口の中の状態もとてもよく、新しいむし歯も見つかりませんでした。何よりびっくりしたのは、お母さんからのこんな言葉です。

「先生、ありがとうございました。就寝時間を早めてから、熱もでないし、ご飯もよく食べるんです。私、寝る時間がこんなに大事だなんて知りませんでした」

「むし歯ができるのは生活の赤信号なんですよ。だけど、もう大丈夫そうですね。また見せに来てください」

一通りやりとりしたあと、親子は帰っていきました。

歯科は、「歯や口そのもの」を見るだけではありません。その背景にある生活習慣や睡眠の質、身体の活動面などあらゆるものを見ているのです。食べる、話す、息をするという3つの重要な要素を担う口は、「命の入り口」と言ってもいいでしょう。病気が見つかるきっかけが「口から」であることも多いもの。特にまだ免疫機能が未発達の子どもであれば、口の中の状態が身体の不調を教えてくれることは多いのです。

私たち歯科医師は、大病にならないよう病気を予防するエキスパートだと、手前味噌かもしれませんが、自負しています。

中でも私は、子どもの体調や成長は「口の中からわかることがたくさんある」と信じ、診療をつづけています。

1章では、子どもに備わった五感の中の「触覚」にフォーカスし、さらにお母さん自身も手や身体で「触れて」育児をする大切さをお伝えしていきたいと思います。

口の中を見ればたくさんのことがわかる

前述したように、体調や成長の他にも、口の中を見てわかることは、まだまだあります。実際にあった事例をご紹介しましょう。

3歳の子どもを連れて来院したお母さんは、終始不安そうな様子。相談の内容は、口内炎がひどいとのこと。お子さんも、痛いのか怖いのか、あまり口の中を見せてくれません。

ここで薬を出して終わるのは簡単です。しかし、そうはしないのが私の診察です。

最近、子どもの口内炎がひどくて……本人も気になっているみたいで、お薬を出していただきたいのです

口内炎ですね……普段お子さんの朝ごはんを食べる様子はどうですか？

えっ！　朝ごはんですか？……朝はいつも何だか機嫌が悪くて、正直あんまり食べたがらないんです。私もバタバタしているので、夜食べているし、いいやと適当になっちゃって

そうなんですね。ちなみに、夕飯はどんな感じで食べますか？

夕飯は逆に、出せば出しただけ食べるんです。こんなに食べても大丈夫かなって思うほどで、1時間くらいかけてしっかりと……

そうですか。機嫌はどうでしょう？

食後は、スマホで大好きな動画を見ているのでご機嫌なんです！

子どもがご飯をモリモリ食べて、ご機嫌でいてくれると嬉しいですよね。そしたらお母さん、2つだけやってみてもらいたいことがあるんです。朝、とっても忙しいとは思うのですが、思い切って夕食に作ったご飯の一部を朝食に出してみませんか？　その分、夜の食事量は減らしてください。あとスマホタイムも夜から朝に変えてみましょう。朝起きたら、大好きな動画を見てもらいましょうね

ええ、それでいいんですか!?　……わかりました。やってみます

働くお母さんたちは、朝でかけるまでの時間が忙しいので、「夜はしっかり作って食べてもらいたい……」と夕飯をしっかり作って、夕飯タイムが長くなってしまったりすることもあるのかもしれません。しかし、小さな子どもにとってはそれがむしろ生活習慣を崩すきっかけになってしまうこともあるのです。

日中は活発に動いて夜はしっかり休む。子どもはまずこのリズムをつくることが先決。そのため、食事とスマートフォンの時間を、朝に変えてもらうように意識してほしかったのです。

「たったそれだけのこと」と大人は思うかもしれませんが、子どもにとっては「大きなこと」なのです。

1カ月後。

「先生、口内炎がまったくできなくなりました！　何をやっても治らなかったのに何で？　魔法みたい！」という嬉しそうな親子の姿がありました。お子さんのきゃっきゃと笑うご機嫌な様子を見て、私も一安心。これで大丈夫ですね。

口の中にある粘膜は、体調を写す鏡のようなもの。調子が悪いときは荒れたり口内炎ができたり、そしてむし歯のリスクも高まります。

朝の様子は、調子をはかるバロメーター。すっきり起きられてご飯が美味しいと感じる朝は、そのあとも活動的になれます。口の中と朝の様子からでも不調があらわれてきていることがわかるのです。

今回の原因は、夕飯の量が少し多くて負担になっていることと、寝る前のスマートフォンによる睡眠の質の低下だと私は推測しました。

何だか探偵のようですが（笑）、実はむし歯や歯垢のつき方、歯並び、口腔内の広さや形、舌の様子、粘膜の色や表面の様子などなど……多くの人が気づいていないだけで、口はお子さんの身体の状態を24時間、３６５日絶えず伝えつづけてくれているものなのです。

赤ちゃんは、なぜすべて口の中に持っていくのか

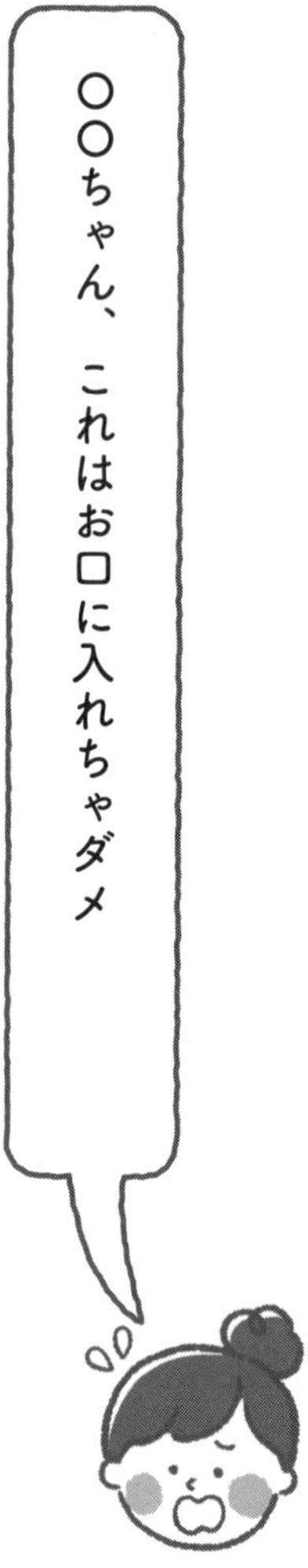

小さなお子さんがいる家庭では、そんな声かけが毎日のように繰り広げられているかもしれません。

赤ちゃんは、何でもかんでもとにかく口に入れたがりますよね。

その過程に注目すると、生後2、3カ月頃から、自分の手や指に興味を持ち、じっと見たり口に持ってきて舐めたりする「ハンドリガード」という仕草が始

まります。赤ちゃんによっては足の指まで器用に舐める（「フットリガード」と呼ばれます）子もいますね。

それから2歳前後までは、おもちゃやタオルなど、目にしたもの、掴んだもの、あらゆるものをペロペロ舐めたり、チュッチュとしゃぶってみたり、カミカミしたり噛んでひっぱってみたり。

その様子はとてもかわいらしい反面、親御さんたちは「喉につまらせたらどうしよう」などと気が気でないことでしょう。また、よだれでべちゃべちゃになるのが辛いときもあると思います。

もちろん、小さな部品（直径38㎜以下のものは特に注意）やボタン電池、薬、アルコールなど口に含んで危険なもの、窒息の恐れがあるものは、赤ちゃんの周りから排除するなどの誤飲防止、安全な環境の確保は万全に行う必要があります。

しかしそのうえで、**赤ちゃんが何かを口に入れたときはできるだけ様子を見守っていてほしい**のです。というのも、赤ちゃんがこれほどまで口にものを入れたがるのには、理由があるからです。主な2つをご紹介しましょう。

理由① 感覚の発達と情報収集

大人は興味のあるものを手で触ったり、目で見たりして、形や大きさ、感触などを確認できます。ですが、まだ視力や手の感覚が未発達そして未経験の赤ちゃんにはそれがしにくいのです。そのため、赤ちゃんの身体の中でも非常に敏感で、普段からおっぱいやミルクを飲むために使っている「口」の中に入れて確認し、感覚をどんどん育てていきます。

フワフワやわらかいな、ゴツゴツ硬いな、ザラザラしているな、大きな口を開けないと入らないな、味はどうかな、温度はどうかな、においはするかな。そんなふうに**気になったものの情報を口から得ている**のです。

「うちの子、よく大きなおもちゃを口に入れてオエッとしちゃうんです」

そんな相談を受けることもよくありますが、これも自分の口にはどれだけの大きさのものが入るのか、確かめる行動とも言われています。舌の奥のほうま

〈ペンフィールドの脳地図〉

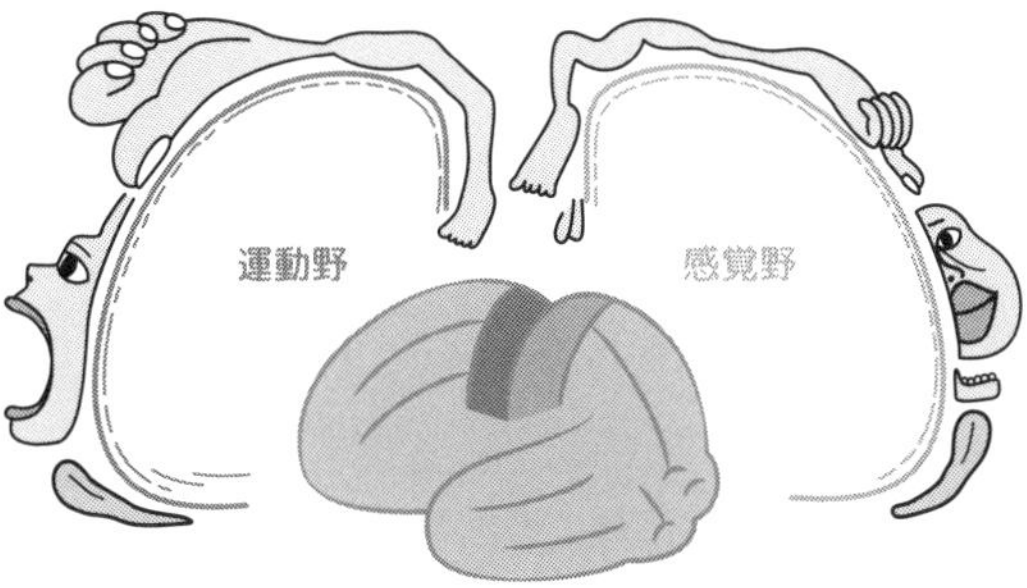

脳と体の関係し合う場所を示した図

で感覚を確かめて育てています。

こうした情報収集から受けた刺激はどんどん脳に伝えられ、脳の発達を促します。さらにもっと知りたいという気持ちが、あごや舌、ほっぺたなどの動きをさらに活発にして、将来、話したり食べたりする口腔機能も高めてくれるのです。

理由② 安心感を得るため

実は、赤ちゃんはお腹の中にいるときから、指しゃぶりをしています。これは将来おっぱいやミルクを吸う練習の他、自分の指を吸うことで脳内に「オキシトシン」という、心身をゆるめてリラックスさせるホルモンを分泌するためにみられる行動とも言われています。生まれてからも、指しゃぶりやおしゃぶりをするとぐっすり寝られる赤ちゃんはいっぱいいいますよね。

生後6カ月を過ぎたあたりからは、生え始めの歯がむず痒く、口にものを入れたがるともいわれています。そんなときは、歯固めなど噛みやすいおもちゃを与えるのもいいでしょう。

赤ちゃんが口の中にものを入れたがるのには、理由があるわけです。未発達の部分が多い赤ちゃんにとって、口は重要な判断の要となります。その口の中で、豊かな刺激を受けることは健やかな成長に欠かせないのです。

ついつい「あっ！　それはダメ！」「それは汚いから口に入れないで！」と取り上げたくなってしまう気持ちはよくわかります。でもそこをグッとこらえて「それはおいしいかな？」「おもしろい形だね」「そんな大きいものもお口に入れられるの？」というように、お子さんの情報収集を、五感を使うことに意識して一緒に楽しんでみてはいかがでしょうか。

「触覚」はすべての土台

赤ちゃんの生態に関連して、「触覚」のことにも触れておきたいと思います。子どもの成長スピードは目まぐるしいものですが、中でも人間の五感で最も早く発達するのは「触覚」だと言われています。

触覚とは、皮膚などを通して感じる感覚ですが、これは手や足に限ったことではありません。口の中の粘膜やくちびるで捉えている感覚もまた、触覚にあたります。

視覚や聴覚が未発達な赤ちゃんにとって、触覚は自分の周りにあるものや自分が置かれている環境を知るための重要な手がかり。人間は、成長して大人になると8割以上の情報を視覚から得るようになりますが、赤ちゃん時代は触覚が圧倒的に優位です。新生児に行った知覚の実験では、触覚による刺激は他の感覚による刺激よりも非常に広い範囲で脳が活動することがわかっています。そして皮膚や口などから獲得した触覚は、見る、聞く、嗅ぐ、味わうといった他の感覚の発達にも影響を与えると言われているのです。

お母さんの肌の感触、おっぱいや哺乳瓶の乳首の質感や舌触り、おもちゃや布……さまざまなものを触ったり、口に入れてみたりしながら、皮膚や粘膜の感覚を通してこれから生きていく世界の様子を察知、学習していくのです。

ところでこの触覚、いつ頃から備わると思いますか?

一説によると、まだお腹の中にいる妊娠10週目前後の胎児の段階から、すでに指先、そしてくちびるに感覚ができていると言われています。そう考えると、人間にとって指先と口は、五感の土台ともいえる、まさに入り口なのですね。

ちょっと話はそれますが「歯磨きをしようとすると、嫌そうな顔をするので

もぐもぐ…
なんでも
口に入れちゃうね…

なかなか歯磨きさせてくれません」と話すお母さんがいますが、それもそのはず、口の中の感覚は敏感ですから「初めてのものを入れられると嫌だ！」と赤ちゃんが思うのも無理はないのです。「自分で磨くのは好きです」とよく言われますが、自分で自分の口の中に入れるのは自分で確かめたいと思っているから大丈夫なのです。

　また、こうした口の中の感覚が発達していることによって、危険なものを体に取り込まないように防衛する機能が働いているといってもいいでしょう（といっても赤ちゃんは次々にものを入れるのですが……）。

ちなみに、人間以外の動物の五感はどうかというと、基本的に哺乳類は人間と同じように触覚が最も早く成熟します。

ただし多くの動物は、人間のように指先で細かいものを摑む、手で触って確認するといったことはしないので、触覚の発達の仕方は、人間とは異なります。

例えば、イヌやネコであれば、目や耳、鼻などと同じ役割を持ち、周囲の様子などを察知する「ヒゲ」の触覚は、非常に発達していると言われています。またワニの口先の触覚は人間の指先よりも敏感と言われますが、これは水の振動や生体電気など獲物から発せられるわずかな気配を感じるためといった説があります。どの動物も、触覚は生きるために重要な感覚として発達を遂げていくことがわかります。

お母さんは子どもに「危ないから」「汚いから」という理由から、子どもが触るもの、口に入れるものを制限したくなることもあります。しかし、そのことが口の中にものを入れて触覚を使って確認し、情報を得ようとする赤ちゃんの成長を妨げてしまうかもしれないのです。

危険を回避したい親心はもちろん理解できます。それでもお母さんの不安は少しだけ横に置いておいて、「今は触覚を鍛えているのね、うんうん」と、大らかに、そっと発達を見守ることができるといいですね。

触れ合いでなぜ幸福感が生まれるのか

「触れる」また「触れられる」という行為は、日常で何となくしていますが、実は人間が生きていくうえで欠かせない非常に大切な行為でもあります。

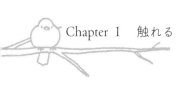

第二次世界大戦後のスイスで、心理学者ルネ・スピッツが行った恐ろしい実験をご存じでしょうか。

その実験とは、戦争孤児となった55人の乳児に対し、孤児院の看護師たちが一切のスキンシップをせずに育てるというもの。衣食住の最低限のお世話はしますが、抱っこをしたり撫でたりはしません。さらには話しかけたり笑顔を向けたりすることも禁じられたそうです。

そうして育てられた赤ちゃんたちは、どうなったと思いますか？

残念ながら55人中27人は、2歳を迎える前に亡くなってしまいました。そして17人は大人になるまで成長できず20歳前に生涯を終えたと言われています。また、成人を超えても生きつづけた11人に関しても、その多くは知的障害や情緒障害がみられるなど、生涯病弱であったといいます。

こうした残酷な実験は、長い歴史の中で他にもいくつか行われています。しかしいずれもスキンシップや愛情が乏しい環境では、人間は生きていけないということが明らかになりました。いくら成長に必要な栄養を摂取していても、それだけでは足りないのです。

では、スキンシップから摂取できるものは何かというと、そのひとつが「オキシトシン」という脳内物質です。

前項でお伝えした、赤ちゃんが指しゃぶりをすると分泌されるリラックスや癒やしの効果のあるホルモンです。

子どもを撫でたり抱きしめたり、愛情を持って触れ合うことで、子どもの脳内にはたくさんのオキシトシンが分泌されます。すると不安な気持ちが抑えられ情緒が安定し、子どもは心から安心することができるのです。

それだけでも素晴らしいのに、さらにオキシトシンの分泌は、セロトニンという神経伝達物質の分泌も促します。このセロトニンも重要な物質で、精神を落ち着かせて幸福感を高める効果があり、別名「幸せホルモン」と呼ばれています。

子どもは、触れ合いによる幸福感によって健やかに成長するといっても過言ではないでしょう。

とはいえ、何かと忙しい世の中。なかなか子どもとゆっくりスキンシップができない親御さんも多いと思います。

「仕事から帰ると、お風呂に入れてご飯を作って食べさせて……あっという間に寝る時間になっちゃいます」

当院にいらっしゃるお母さんたちからも、そんな言葉をよく耳にします。

ですが大丈夫。「触れ合いが足りないんだわ……」なんて思わずに、どうか安心してください。

お子さんのことを心から愛していらっしゃる気持ちは、お子さんに必ず伝わります。

そのうえで、1日のうち、数分、数秒……ほんの少しでいいのです。都合のいい曜日だけでも構いません。子どもと触れ合う時間を積極的に作ってみませんか。ぎゅーっと抱きしめると「ああ、この子こんなに大きくなったんだわ」と身体の大きさや重さで、きっと成長を実感できる瞬間があるはずです。

逆に「もうお姉さんだと思っていたけど、まだこんな小さいのね」と思うこともあるでしょう。そういった感情もまた、ひとつの「幸福感」につながると思います。

ちなみに、オキシトシンやセロトニンは触れられている子どもだけでなく、スキンシップをしている親御さんにも分泌されています。

スキンシップは、お互いをハッピーにする素敵な行為です。ぜひ親子で触れ合って、癒やしや幸せのホルモンで満たされてほしいと思います。

歯は知識の入り口

私は、来院される親御さんに「赤ちゃんの口の中をよく触ってね」なんて声をかけることが多いのですが、最近はこのような答えが返ってくることも少なくありません。

実は、子どもの口の中を
まだ一度も触ったことがないんです……

口にこそ出しませんが、私は「え〜、なぜ口だけ触らないの!?」という思いでいっぱいになります。

例えば、お子さんを沐浴させるときはガーゼや手で洗いますよね。便秘になれば肛門に浣腸をするし、転んで膝を擦りむいて出血すれば、傷口を流水で洗うこともありますよね。つまり、他の部位は躊躇なく触れるのに、なぜか口の中だけは「特別」と感じて触るのを敬遠している親御さんが意外と多いのです。

それはなぜか。大きく分けて3つの理由が考えられます。

理由①　見た目からくる恐怖感や嫌悪感

口の中は粘膜が露出していて、歯もあれば舌もある。ビジュアル的に触るのが怖くなってしまう、というのは一理あるでしょう（私は歯科医師ですが、実は学生時代、はじめて口腔内の写真を見せられたときは心がざわざわしました……笑）。

理由②　何かあったらどうしようという不安

デリケートな部分だからこそ「むやみに触って何かあったらどうしよう」といった不安感から避ける傾向にあるようです。特に、まだ歯が生えていない赤ちゃんの場合、傷つけたりバイ菌が入ったりすることを心配される方も多くいらっしゃいます。また、お世話していて口には消毒したものしか入れてはいけないという感覚もあり、「消毒できない」汚い手を入れていいものだろうかという発想もあるのかもしれません。

理由③ 日本人の気質による原因

日本人は欧米人などに比べると口を開かない人種と言われます。日本語は、英語ほど口や舌をダイナミックに動かさなくても話せるからです。口の中は人前では見せない場所。いつも見えている顔や手足には注意が向いても、普段閉じられている口に関しては、何となく二の次になってしまうのかもしれません。

どの理由もある程度は納得がいくかもしれませんね。

しかし、親御さんが口の中を触れることを避けていると、当然、お子さんも触られるのを嫌がるようになります。

その状態がつづくとどうなるでしょう。ケガか何かでほんの少しの血が見えただけでも大人は血相を変えて、「先生、診てください！」と歯医者さんに飛び込んでくることになってしまいます。

もちろん、飛び込んできていただいて構いません。きちんと責任を持って診察をします。とはいえ、基本的に日頃からお子さんの口の状態を見たり触ったりしていれば、そこまで慌てることはない場合が多いので、安心してください。

ぜひ、本書を読んでくださったのを機に、口の中をチェック、お子さんの口を触るのを毎日の習慣にしてみてください。

そのうえでポイントは2つ。

「清潔な手」で「優しく触る」

これだけです。

さらに、

・ぐらぐらしている歯はないかな？
・歯茎の色はどうかな？
・傷や口内炎はないかな？

などの点をよく見てあげるのもよいでしょう。

毎日、あるいは週に1回でも見ていくと、お子さんの変化が何となく肌感覚でわかるようになります。また、これらの適度な刺激は、お子さんの脳の発達によい効果が望めます。

「ビジュアルがどうしても苦手で……」という方、安心してください。すぐ慣れます。実際、初めは苦手だった私も何万人もの口を見てきました。ましてやご自分のお子さんの口ですから、必ず触れられるようになります。

また、口を触ってコミュニケーションをするのも、だいたい小学生時代まででしょう。子どもが成長すると、そういったコミュニケーションの機会はどんどん少なくなっていきます。限りある時間をぜひ有効に過ごしていただきたい、そんな思いも持っています。

至福の時間の確保を――仕上げ磨きと歯医者さん受診

そうは言っても忙しい毎日の中で、お子さんとの時間を取りたくても取れない……そんな親御さんも多いことと思います。時間が取れないのだから、口の中を丁寧に見られないのも仕方のないことです。

そんな親御さんのために、歯科医師の立場から2つの時間の確保を提案したいと思います。

提案① 仕上げ磨きの時間

仕上げ磨きを、私は子どもと過ごす〝至福の時間〟だと思っています。

前項にも書きましたが、子どもの成長とともに、親子で過ごす時間やコミュニケーションの機会はどんどん減っていきます。もちろんこれは喜ぶべきことなのですが、やはり寂しくもあります。だからこそ、素直に甘えてくれて、お互いにコミュニケーションが取りやすい小さな子ども時代の時間の過ごし方を大切にしたいですね。

仕上げ磨きは、コミュニケーションの時間を取りながら、子どもの口の中をチェックし、さらに歯のケアができる素晴らしい時間です。毎日の歯磨き習慣の時間に、ほんの少しだけ仕上げ磨きの時間を取るようにしてください。朝だけでも夜だけでもかまいません。

餌を待つひな鳥のように、口をパカッと開けて待つ子どもはどんなに大きくなってもかわいいものです。機械的にゴシゴシと作業するのではなく、できれば子どもの様子を見つつ聞きつつ丁寧に磨けるといいですね。

提案② お子さんと一緒に歯医者さんに行くこと

忙しい中、歯医者さんに行く時間の捻出は大変かもしれません。でも、病院までの道中、待合室での待ち時間、診察中……それぞれ短い時間かもしれませんが、手を繋いだり、話したり、その表情を見ながら過ごすことができます。

例えば兄弟が多いお宅なら、日常的にお母さんと2人きりで過ごす時間はなかなか取りにくいですよね。歯医者さんに行く時間を確保してもらうことで、2人の時間をとることができ、日頃落ち着いて話ができないのを、小さな声で顔を寄せながらお話することもできます。待合室で話がしにくいとしても、一緒に過ごす時間を持つこと自体がとても大事なのです。

さらに口の中を歯医者さんにチェックしてもらって、口腔内や身体の健康状態のみならず、そこからいろいろな情報を得ることができます。成長を感じとれる場面もたくさんあるでしょう。

仕上げ磨きも歯医者さんでの時間も、それぞれがほんのささやかな時間かもしれませんが、きっと得難い至福の時間になるはずです。ぜひ、日常の中に取り入れてみてくださいね。

口の中に「触れる」ことで小さな変化に気づくことができる

前項で「お子さんにもっと触れてください」とお話しました。

命をつなぐ食事や呼吸、人とのコミュニケーションを取るための発声……口は、生きるために重要な器官であるとともに、身体を知るための知識の入口です。

病院で口の中を見せてください、と言われることがあるように、やはり口の中にはさまざまな身体のサインが隠れているのです。

「そうはいっても先生は歯の専門家だから異変がわかるんでしょう？　素人の私が口の中を見ても……」

そう思われる方もいらっしゃるかもしれません。しかし、それはぜひ訂正させてください。

私は口の専門家ではありますが、「我が子の専門家」は間違いなく、お母さんやお父さんです。

私が歯科的にわかることがあったとしても、毎日お子さんの顔や身体を見て、声を聞いて、触って、そして口の中まで見ることができる親御さんだからこそ、気づけることはたくさんあるはずです。

大切な子どもの専門家として、ぜひ子どもとたくさん触れ合ってみてください。そして、子どもの身体から発せられているメッセージを受信しましょう。

Chapter 2

見つめる

親が「見つめる」ことは子どもの成長に欠かせない

携帯を置いて。まずは子どもをよく見ましょう

毎日、さちこども歯科には多くのお子さんがお母さんといらっしゃいます。月齢の小さな子から上は社会人（通っているうちに大きくなったのです）まで。当たり前のことですが、一人ひとり違った個性、違った可能性を秘めていると感じます。

診療の中で私はお母さんに歯科的な質問に限らず、お子さんの好きな食べ物のこと、苦手な食べ物のこと、普段どんなふうに過ごしているか、どんな遊びをしているかなどいろんな質問をします。

「なんでこんなことを聞くの？」と疑問に思われる方もいらっしゃいますが、実はこれはお母さんが子どものことを普段「見て」いるのか、確認するためでもあるのです。

ここでいう「見る」とは単に表面的なことを指すのではありません。子どもの身体を触ってスキンシップを取りながら、この子は今どんな状況なのか、機嫌はいいのか、どんなことに興味を持っているのか……そうやって想像力を膨らませながら子どもと対話することを指します。

そんなふうにお話すると、0〜1歳のお子さんをお持ちのお母さんの中には「まだうちの子は小さいので、こちらが言うことはわからないかも」とおっしゃる方がいらっしゃいます。

わからないなんて、とんでもない！
実は、子どもは子どもなりの方法でこちらにいろんなサインを送っているのです。

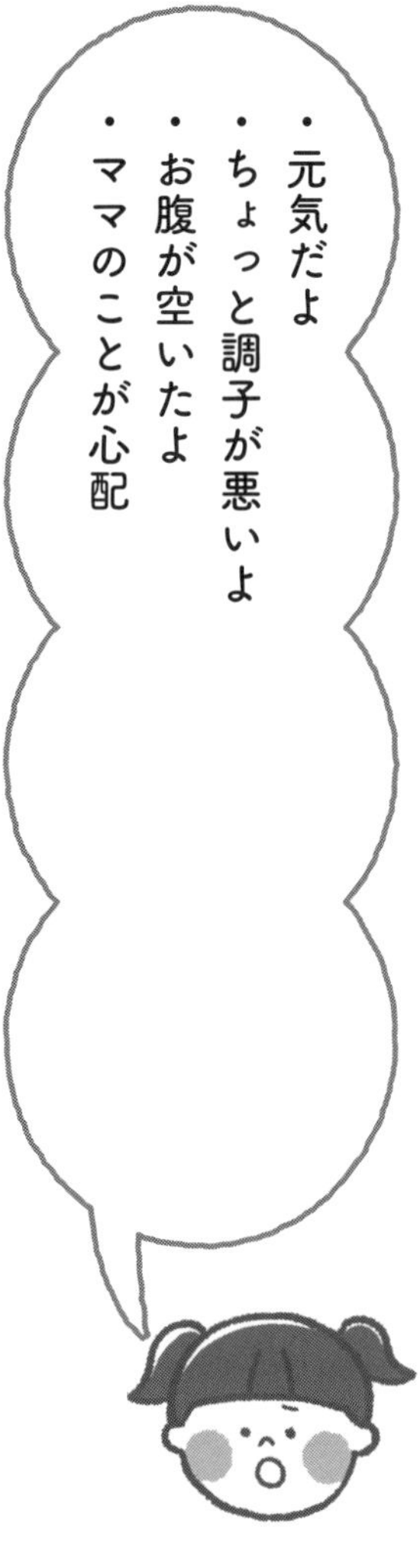
・元気だよ
・ちょっと調子が悪いよ
・お腹が空いたよ
・ママのことが心配

といったさまざまな「サイン」は、実は子どもをしっかり「見る」ことで理解できるようになります。

例えば、外で遊ぶことが大好きで、具合が悪くても我慢して遊ぶタイプなのか。

あるいは、ちょっとした痛みにも弱くてすぐ泣いてしまうタイプなのか。

そうやってさまざまなことに目を凝らしていると、自然と子どもがどんな性格なのか、どんな性質を持っているのかなども把握できるようになるのです。

これら子どもの「基本的な性質」をわかっておくと、急な体調不良や、普段と違う様子にいち早く気づくことができます。だからこそ私は、診療の最後に「1分でもいいから、スマホを置いてしっかりお子さんを見る時間を取ってね」とお伝えすることもあります。

ただしそうはいっても、なかなか難しいこともあると思います。ただでさえ今のお母さんたちはとても多忙で頑張り屋さんばかり。子どもといるときもスマートフォンで仕事をしたり、あるいは調べ物をしたりと、なかなか子どもを「見る」時間が取れない方もいるかもしれません。

それでもなお、私は小児歯科医として、子どもの成長を見守ってきた一人として、「見る」という行動を大切にしてほしいと思っています。

なぜなら「見る」というのは、「子どもを見つめる」「見守る」「注意深く観察する」など、さまざまな意味を含んでおり、それがお子さんの成長にも大きな影響を与えるからです。

2章では、五感のなかでも「見る」にフォーカスして、お子さんを「見つめる」ことの尊さ、そして見ることの大切さをお伝えしていければと思います。

子どもが泣いた！　落ち着いて。状況をよく見てみましょう

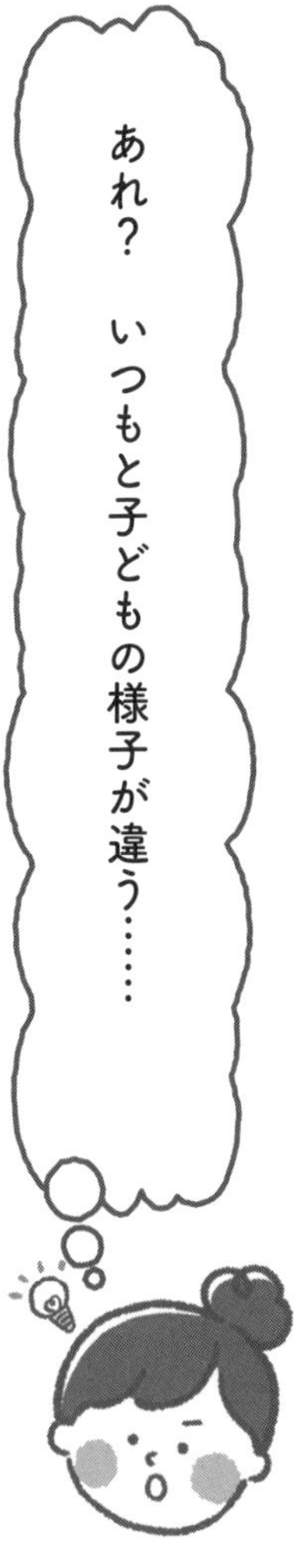

子どもの機嫌が悪そうだったり、食欲がなかったり、そういったいつもと違う様子があると、お母さんは不安になりますよね。不安の原因を探ろうとまずはスマートフォンに手を伸ばす方も多いと思います。

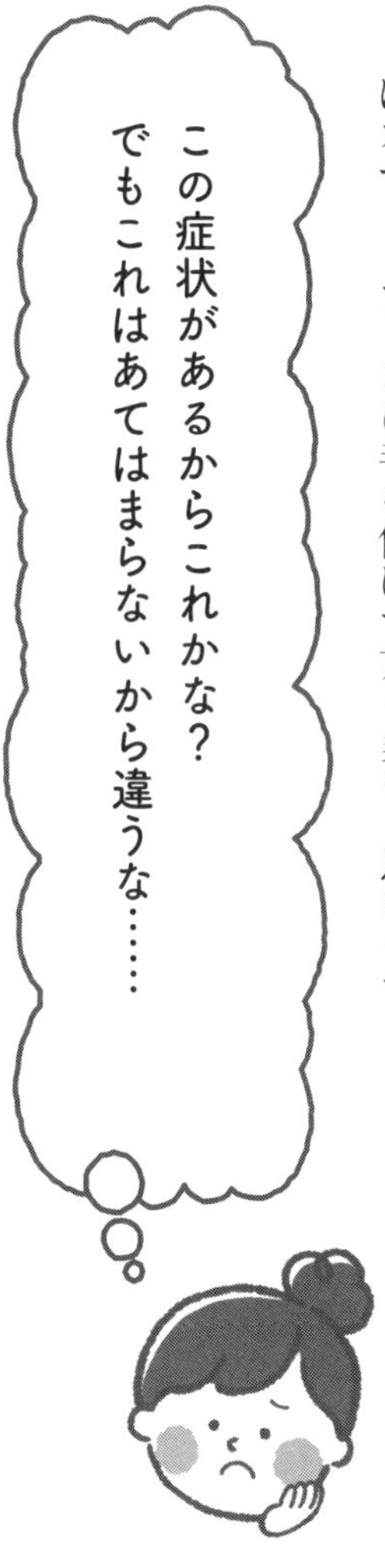
この症状があるからこれかな？
でもこれはあてはまらないから違うな……

そうやって子どもの様子に合うものが見つかるまで、ひたすらサイトやＳＮＳを検索。その間目線はずっとスマートフォンの画面に落としたまま。検索窓に症状を打ち込むだけで、無数の情報が手に入る時代。子どもの一大事に多くの情報を集めて少しでも不安を解消したいと思うのは、至極当然だと思います。

しかし、こうしたサイトやＳＮＳに頼りすぎてしまうことで不安が大きくなったり、問題を引き起こしたりすることもあるのです。

サイトやSNSはその症状から考えうる病気の可能性を教えてくれます。「熱が出た」だけなのに、ありとあらゆる病気の可能性が示唆されてしまい、本当に知りたいことにたどりつかないこともあるでしょう。あるいは、多くの情報に振り回されてしまい、必要以上に不安になってしまうこともあるのです。

お母さん、子どもが一大事か？　と思うときほど落ち着きましょう。

子どもが病気かな？　というときに一番大切なことはスマートフォンで情報をとることではありません。

「目の前の子どもの様子をよく観察すること」なのです。

それはなぜなのか。

「子どもの小さなサインをキャッチするため」です。

特に小さな子どもこそ、しっかり身体の様子を見てあげてください。**具合が悪いとき、子どもは表情、仕草、行動でSOSを発しています。**

そうはいっても具体的に何を見ればいいの？　と思うかもしれませんね。何か様子が違うなと感じたとき、次のような点に注意して、子どもを観察してみてください。

- 顔色は？　いつもより赤くない？　青白くない？
- 呼吸は？　苦しそうにしていない？
- 体温は？　いつもより熱っぽくない？
- 食欲は？　いつも通り食べている？
- 便の状態は？　いつもと色が違う？　固さは？　臭いは？
- 機嫌は？　笑顔がある？　いつもよりぐずっていない？
- 声は？　いつもより小さい？　トーンは低い？

これらの中で、「高熱でぐったりしている」「意識がもうろうとしている」「繰り返し嘔吐・下痢している」「呼吸がかなり苦しそう」など、明らかに一刻を争うような場合は、救急車を呼び判断をあおぎましょう。

それ以外の場合、どう対処するべきかの答えは、実は子ども自身が持っています。普段のお子さんの様子を知っていれば、熱が出たときも「早めに寝かせれば明日にはケロっとしている」「下痢は出させてしまえば、あとは快方に向かう」などお子さんの身体のパターンが見えてきます。

言うなればそのパターンにハマらない場合は「何か違うことが身体の中で起こっている」と捉えてもよいでしょう。そうやっていろんなパターンを「見る」ことで、子どもの身体のクセを感覚的に捉えていくことがとても大切なのです。

残念ながら「何か異変があればすぐスマートフォンに相談」では、こうした「感覚」は養われません。少しずつトレーニングを積んで、お母さんの「五感」を養っていきましょう。

お子さんが病気のとき、お母さんの不安を解消するためについスマートフォンに頼りたくなってしまう気持ちは理解できます。

でも考えてみてください。スマートフォンもネットもない太古の昔から、私たちの祖先は子どもを育ててきたのです。当然病気やケガなど、子育て中の一大事に遭遇したこともあったでしょう。スマートフォンがなくても、人類はその命を繋いで今に至るのです。

少し大きな話になってしまいましたが、そんなに不安にならなくても大丈夫。人間は本来、子育ての野性的なカンは持ち合わせているものなのです。

病気のときこそ慌てず、落ち着いて。

スマートフォンを見る前に、まずお子さんを見るところから始めてみましょう。

泣いて訴えるしかない場合もあるからこそ

「子どもは泣くのが仕事」と言われるくらい、特に0〜1歳のお子さんって本当によく泣きますよね。当院に来てくれた乳児のお子さんが「えーん」と泣くとお母さんの中には「すみません、すみません」と謝る方もいらっしゃいますが、謝ることなんてありません。もちろん場合にもよりますが、泣くのは元気な証拠。「大きな声が出るね〜しっかり育ってるね〜」なんて声をかけることもあるほどです。

きっと子どもの泣き声に慣れたお母さんなら、子どもが泣くと、だいたいの理由がわかることでしょう。

・お腹が空いた
・眠たい
・遊んでほしい
・機嫌が悪い
・オムツが濡れて気持ちが悪い

などなど、日常的によくある単純な要求なら、理解して対応できるかもしれません。

しかし、中には何が原因で泣いているのか、すぐには理解できない場合もあります。特にお母さんが仕事や家事など、育児以外のことで頭がいっぱいで余裕がないときは「ああ、もううるさい、何で泣いているの！」と子どもの要求をキャッチできず、イライラしてしまうときもあるかもしれません。

何をしてほしいのか、言ってくれないとわからない！

そんなふうに声を荒げても、子どもは泣き止みません。ましてや、理解してあげられないダメな母親だと、自分を責めてしまうお母さんもいることでしょう。

いつも子どものことを一番に考えているお母さん。本当に頑張っていますね。

もし、イライラがマックスになったときは、子どもから少しだけ距離を取って、深呼吸をしてみてください。

そしてあえて「第三者的な目線」になってこう考えてみてください。

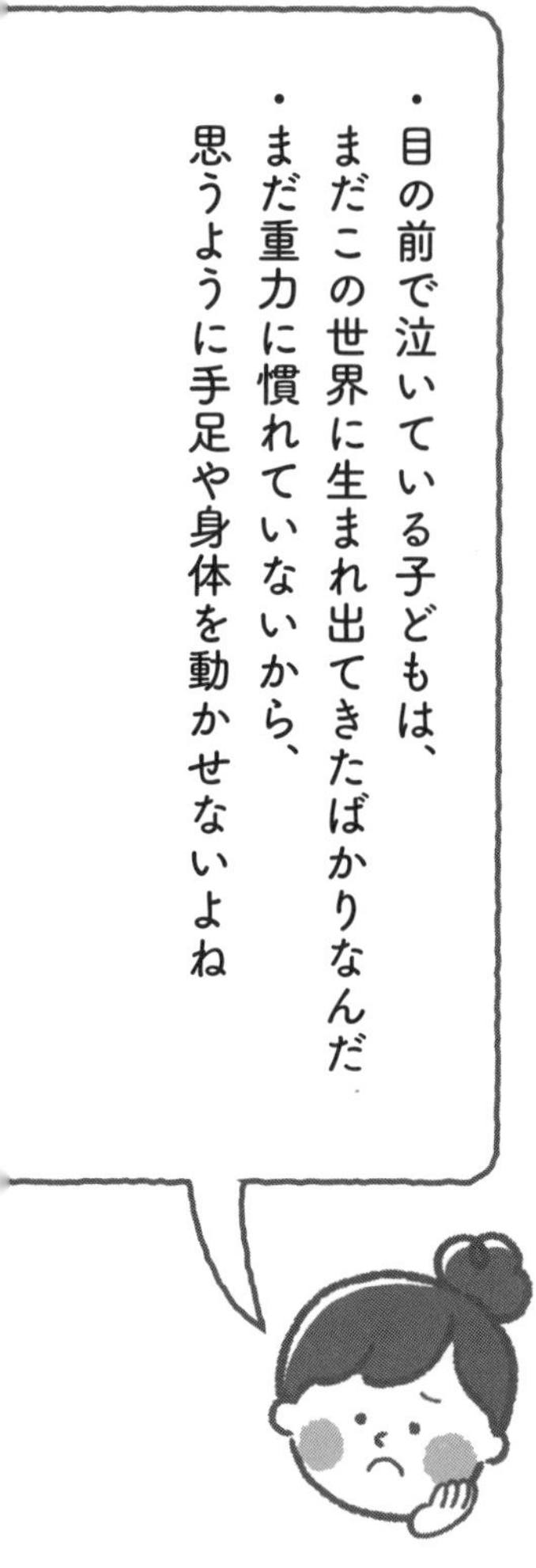
・目の前で泣いている子どもは、まだこの世界に生まれ出てきたばかりなんだ
・まだ重力に慣れていないから、思うように手足や身体を動かせないよね

・言葉もまだ話せないから、自分の思ったことを泣くことで表現することもあるよね

そうやって距離をとってみると、「それなら泣くのも大切なのね」と冷静に考えることができ、カッカとしていた心がスーッと凪いできます。「自分を困らせるために泣いているのではない」ことがきっとわかるはず。泣き声も捉え方ひとつで、お母さんの気持ちはがらっと変わるのです。

では子どもは、いったいどんなことで泣くのでしょうか？　次の項目で詳しく見ていきましょう。

乳児の泣き方で様子を見ていいとき、悪いとき

私は歯科医師ですが、０歳児（1歳未満の乳児）を診ることも多いので、泣

き方についてもここでお話させてください。一般的に乳児は、生後2カ月を過ぎると、泣き方が変わってくるといわれます。ただ、大きく分けて泣き方には4つのパターンがあります。

・甘え泣き：いつもより高い声で泣く
・怒り泣き：眉間にしわを寄せ、足をバタバタさせる
・痛み泣き：急に泣き出し、どこかを痛がる仕草、表情を見せる
・要求泣き：欲しいものを指さしなどでアピールしながら泣く

また泣いている様子とあわせて、次のような様子があるかどうかもよく観察してみてください。

・甲高い声で泣き叫ぶ

・ぐったりして元気がない
・普段より機嫌が悪く、抱っこも嫌がる
・泣き方が弱々しく、明らかに元気がない
・いつもは喜んで食べるものを食べようとしない（食欲の変化）
・いつもより多く寝ていたり、逆に寝付きが悪かったりする（睡眠の変化）
・活発に遊ぶのを嫌がり、静かに過ごそうとする（遊び方の変化）

例えば、甲高い声で泣き叫ぶ場合は、強い痛みを感じている可能性もあります。ぐったりして元気がなければ発熱が疑われます。火が付いたように泣くのは、明らかに異常を感じているときだといえます。

逆に、弱々しい泣き方で、ぐったりしているときも要注意。さらに、なかなか泣き止まない場合も体調が悪いときによくあるサインです。

いずれにしても、

なんか変だな
これは病院で診てもらったほうがよさそう

と思うサインが見られれば、迷わず医療機関を受診しましょう。

それで、お母さんの「カン」がはずれても、子どもが元気ならそれでよかった、で済みますし、医療機関も「こんなことで連れてきたの」とは思いません。これもすべて経験です。お母さんの「見る」「感じる」直観を大事にして行動する。ぜひこのことも覚えておいていただけたらと思います。

今見えていることは、時差で起きている場合もある

　では、目の前の子どもをよく見て、泣いている理由がわかればそれで完璧かというと、なかなかそう簡単にはいかないのが子育ての醍醐味です。

　例えば、こんな経験をしたことはありませんか？

「公園で転んで頭を打ってしまったけど、泣きもせず元気。それなのに、家に帰ってからぐったりし始めた」

　転んだときは、一瞬びっくりしたものの表情は特に変わらず、すぐにケロッと元気に話したり遊んだりしていたパターンです。お母さんからすれば「ケガもないし、大丈夫そう」と判断してしまうこともあるでしょう。しかし、家に帰ってから少しして「あれ？　何か様子がおかしい……どうしたんだろう」と

焦ってしまう。実は、こうしたことは時折あります。

そもそも頭を打ったときの症状は、その直後に出る場合もあれば、数時間〜数日、場合によっては数カ月後に現れることもあります。

それに加えて子どもの場合、言葉で症状を伝えるのは難しく、大人の様に感情をコントロールするのは困難です。そのため、痛いと感じたら、機嫌が悪くなったり、その場で辛い表情をしていたり、言葉では伝えられなくてもいつもとは違う行動をとるなど、不自然な様子がうかがえます。中には、お母さんが見ていないところで頭を打ってしまい、そのときは泣いたけれど、痛みが一時的なものであればどこを打ったのかもお母さんにはわからない……という場合もあるかもしれません。

こうしたことは頭を打ったときに限らず、例えばショックな出来事やストレスに遭遇したときなどにも見られます。そして時間が経ってから、身体の不調や情緒不安定といった形で症状が現れることもあります。

そのため、特に頭や首などを強く打ち付けた場合は、「これくらい大丈夫だよね」「元気そうだね」と大人が安易に判断せず、必ず数日〜数週間は様子をしっかり見ましょう。引っ越しや、家族やペットの死などの、心にストレスがかかる出来事に遭遇したときも同様です。

その後吐いたり、熱が出たりなど明らかな異常が出た場合は、ためらわずに医療機関を受診するようにしましょう。こういった場面は、お母さんの注意深く「見守る」視点が大事になる部分。ぜひ「見る」ことで子どもの変化を敏感に感じ取っていただければと思います。

病気の本当の原因が「見えづらい」こともある

前項で「時差で起こる症状に注意してください」というお話をしましたが、実は、起こっている症状が、表面上のものではなく「別の要因から引き起こされている」こともあります。

ある6歳の男の子の話です。

初めてその子に会ったとき、その子は怒ったような顔つきで、不機嫌そうに見えました。こちらが話をしても顔を横にそむけてしまい、こちらの顔も見てくれません。

お母さんに来院理由を聞いてみると、「学校検診でむし歯が見つかりこちらに来た」とのこと。さらに「普段、口の中も見せてくれないし、開けてもくれない」と悲しそうに言うのです。

そうやってお母さんと話をしているときもその子は、口をへの字にしてつまらなさそうに床を見つめていました。その瞬間、私にはピンとくるものがありました。「きっとこの子には、お母さんに何か言いたいけれど、言えないことがある」そんな彼の心の中が見えた気がしたのです。

そこで私はむし歯のことではなく、男の子の普段の生活について聞きました。するど、1歳になる妹がいて、お母さんは毎日その子のお世話でかかりきりだ

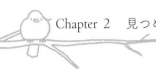

といいます。

学校から帰ってきてもすぐゲームをしていて、話もしてくれません。食事のときもゲームをしたがるのでいつも怒ってばっかりで……

お母さん、毎日30分でもいいのでこの子と2人になる時間をとれませんか？30分が無理なら15分でもいいんです

え？　私とこの子で2人だけの時間ですか？

そう。お母さんに話したいし、甘えたいのに、お母さんからはお小言や叱られてばかり……ってことはない？　もしかすると今、この子はお母さんの話を聞く専門になっちゃってるのかなって思ったのだけれど、どう？

……確かに、下の子が生まれてから最近は特に目が離せなくて、かかりっき

りになっています。この子には自分でできることは自分でやってほしいと思ってしまいますし、つい叱ってしまうことも多いかも……

お母さんは一人しかいないし、大変ですよね。この子は、本当はお母さんにたくさんお話したいことがあるんじゃないかな。お母さん、すごくすごく忙しくて大変だと思うけれど、少しお話を聞く時間をつくってみませんか。治療はそれからです

お話の時間……わかりました。ただ、まだ治療しなくて大丈夫なのでしょうか……むし歯、悪くなりませんか？

お母さん、むし歯はそこまで進行していないし小さなものだから大丈夫。しっかりこの子に歯磨きをするように促して、最後に仕上げ磨きしてあげてください

こんな会話をしました。

実は、男の子がパカッと少しだけ口を開けてくれたとき、私はむし歯がそこまで進行していないこと、痛みはなさそうなことがわかっていました。でも、男の子はきっとそこまでのことをお母さんに伝えもしなかったのでしょう。このことから、今一番この子に必要なのは「お母さんとのコミュニケーションだ」と確信したのです。

「先生、ありがとうございます。やってみます」そういってこの親子は帰っていきました。

それから2週間後のことです。

再びこの親子が訪れたとき、元気いっぱいの彼の姿がそこにありました。鼻に擦り傷なんてつくって、やんちゃそのものです。

「〇〇くん、こんにちは。元気そうだね」そう声をかけると、「先生こんにちはー」と返してくれました。私はまだ何も言っていないのに、お母さんからこう声をかけられました。

「さち先生、あれから主人にも協力してもらって夕飯後の30分、2人で過ごす時間をとるようにしたんです。一緒にゲームをしたり、本を読んだり……。なかなか仕上げ磨きまではできないのですが、でも、いっぱい話してくれるようになりました」

そこまで一気に話すお母さんを見て、目の前のやんちゃくんも嬉しそうです。お母さんが嬉しそうだと、この子も嬉しいんだな。そんな当たり前の光景を目にした私は、改めて「むし歯の本当の原因が、親子関係にひそんでいることもある」ことを目の当たりにしました。

その後、彼は進行止めの薬を塗りつづけた結果、むし歯が進行することもなく、永久歯へとすべて生え変わっていきました。

むし歯から、親子関係が「見える」こともある

このような経験から患部はもちろんのこと「生活、個性、親子のコミュニケーションなど、すべてを見て判断する」ことをモットーに診療を心がけてきました。といっても、これは私だからできる、ということではありません。

問題行動の影には何らかの「心理的要因」が隠れていることが多いもの。

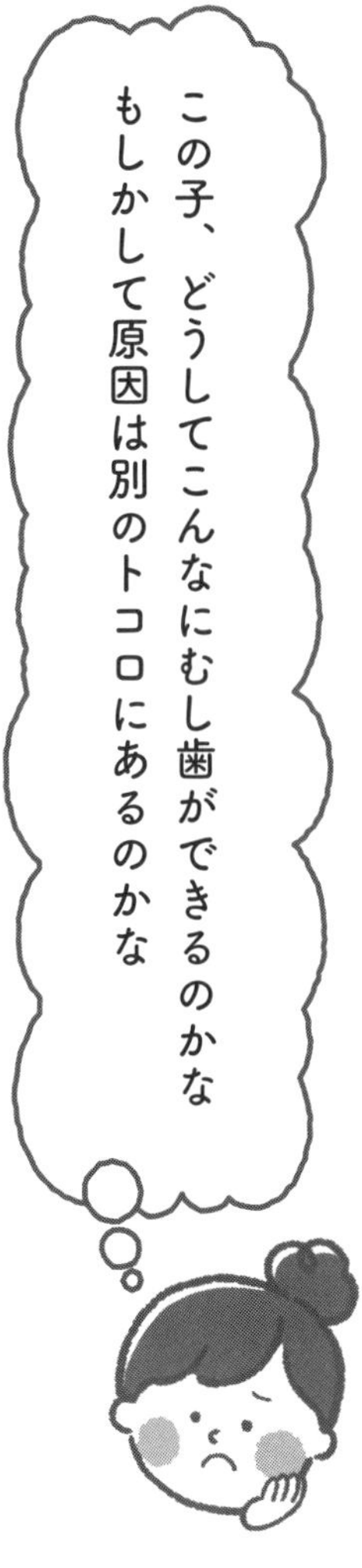
この子、どうしてこんなにむし歯ができるのかな
もしかして原因は別のトコロにあるのかな

こんなふうに、少しだけでいいので、子どもの様子をキャッチするアンテナ

を持っておいてほしいのです。

繰り返しになりますが、子どもが出す症状には、見えているものの奥に隠れた「見えていないもの」が影響していることがあるからです。

例えば、保育園や幼稚園、小学校の環境、習い事での体験、友達との人間関係、遊び、そして家庭環境……子どもはこのような環境から、さまざまな影響を受けています。こうした環境が人格や個性をつくっていきますが、ときにそれらが問題行動を引き起こすこともあります。

粗暴になる、無気力になる、攻撃的になるなど「いつものこの子じゃないな……」そんな変化に気づいたら、まずはその子をじっくり観察し「見つめて」みましょう。

また、「いつも同じところがむし歯になる」「歯磨きしていつもきれいにしているのになぜかむし歯になる」のも同様です。
そんなときにお母さんがまずできることは、子どもを、

・見つめること
・抱える痛みや辛さを理解し、共感してあげること
・ときに寄り添って一緒に過ごすこと

そうすれば子どもは「見守られている」安心感に包まれ、また自分らしさを取り戻していくことでしょう。

また、お母さんは子どもがむし歯になったのは「自分のせいだ」と考えて自分を責めるのはやめましょう。

お母さんは子どものために、誰よりも真剣に考えてそのときの最善を選択をしてきたのです。子どもがここに生きているのは、紛れもなくお母さんがお世

話してきたからなのです。

それでもむし歯ができつづけ、悩みのループにはまりこんでしまうのなら、**これから先、子どもとどのように過ごすのかを一緒に考えてみましょう。**

そうするとあれだけ悩んでいたむし歯がいつの間にかできなくなっている……実は小児歯科には科学的に説明しにくい、そんなことが本当に起こるのです。

それは、お母さんだけが使える一種の魔法のようなものなのかもしれません。その魔法を特に使いやすいのは、子どもが小さい頃。お母さんの魔法は、小さな子どもに抜群に効果があります。ぜひふんだんに使って、毎日ハッピーに過ごしていただけたらと思います。

「見つめる」ことで身体の「ん？」に気づける

ここまで、「見る」ことの大切さをお伝えしてきましたが、「見る」ことでわかることは他にもたくさんあります。特に歯科医師としてぜひ伝えておきたい、毎日行うのがおすすめのこと、それは「お子さんの口の中を見る」ことです。口は、健康のバロメーターと言われるほど、口のトラブルは、身体のさまざまな異変も教えてくれます。

毎日のスキンシップの合間に、少しだけ口の中を「見る」ことにも注力してみてください！　子どもが大きな口を開けて笑ったとき、歌ったときなどもチャンスタイム。覗き込んでじっくり見たら、おもしろがるかもしれません。そのとき、ちょっとした「ん？」に気づくことができればしめたもの。明らかにおかしいと思ったときは、医療機関を受診しましょう。

Chapter 3

聴く・嗅ぐ・味わう

耳を澄ますことでこんなにいろいろわかるんです

意識して「聴く」

突然ですが、今あなたにはどんな音が聴こえていますか？

5秒でよいので静かにして、周りの音に耳を澄ませてみてください。

子どもの声や遊んでいるおもちゃの音、お湯が沸く音、換気扇が回る音、テレビやスマートフォンの音声、外を歩く人の足音、誰かの話し声、車の走行音……雨や風の音が聴こえる方もいらっしゃるかもしれませんね。

お子さんが近くにいたら、お子さんの身体にもぜひ耳をあててみてください。かわいい口からは呼吸音が、やわらかなお腹からは消化音が、ちいさな胸からはしっかりとした心音が聴こえることでしょう。

日常はいろいろな音であふれています。

私たちはその中から、無意識に自分に必要だと思う音だけを拾っているため、多くの音は聞き流されているのです。

しかし、そうしたつい聞き流してしまう音にこそ、子どもを守るための重要なヒントが隠されていることがあります。

例えば、車の走行音やお湯が沸く音は「うしろから車が走ってくるから、子どもが飛び出さないように気をつけよう」、「速やかに火を消しに行こう」と危険を察知し、対処することができます。

また、子どもから発せられる音は、思わぬ体調の変化を知らせていることがあります。

・いつもより呼吸が荒い？
・お腹のゴロゴロ音が多い……
・心音のペースが速い気がする……

そんなふうに**いつもと違う音を感じるときは、注意深く子どもの様子を観察し、必要に応じて医療機関を受診しましょう。**

聞こえてくる音に耳を澄ますという行為は、簡単に思えて意外と聞きのがす方がいるものです。

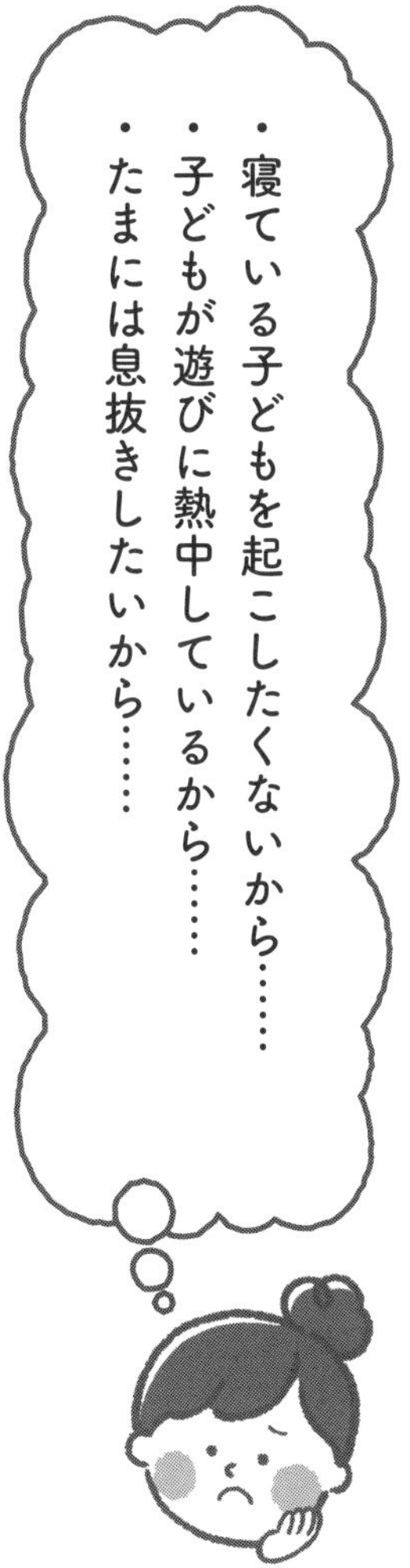
・寝ている子どもを起こしたくないから……
・子どもが遊びに熱中しているから……
・たまには息抜きしたいから……

そう思いながら、イヤホンをつけて動画や音楽につい夢中になってしまうことはありませんか？

もちろん、お母さんにも好きなことに没頭する時間は必要です。

しかし、ただでさえ大半の音を無意識に聞き流している中、さらに自ら音を遮断してしまう、それはときに重要なサインに気づかず、子どもに危険が及んでしまうことも考えられます。

動画や音楽は子どもと一緒に楽しんだり、子どもをご家族などにまかせられる時間に楽しんだりと、工夫できるとよいですね。

3章は、そんな普段あまり意識することがない、さまざまな音や声を「聴く」ことの大切さをお伝えしていきたいと思います。

1日ほんの少しでもいい、子どもの話をじっくり聴こう

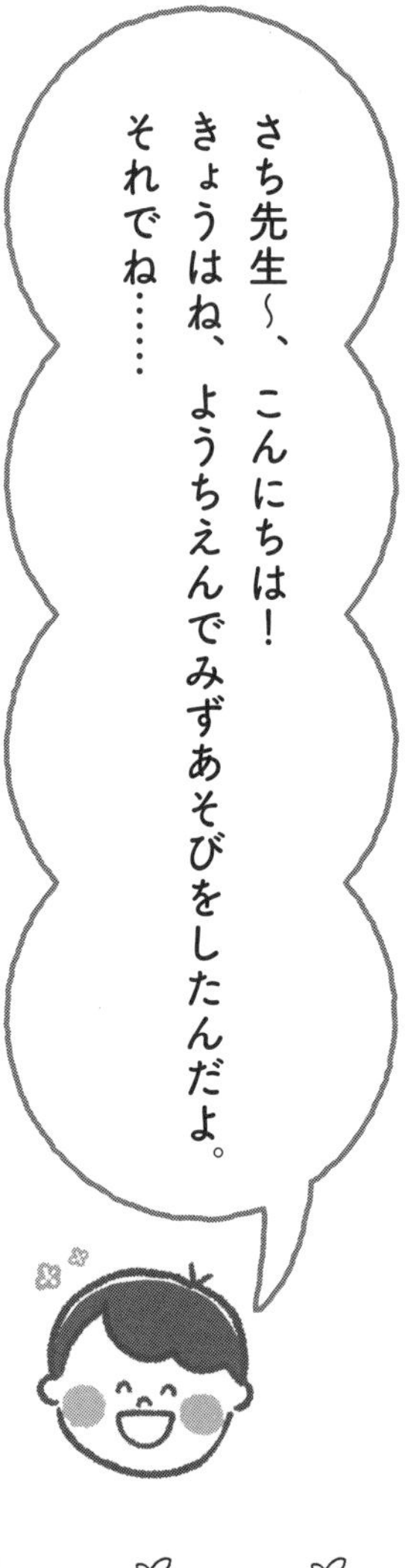
さち先生〜、こんにちは！
きょうはね、ようちえんでみずあそびをしたんだよ。
それでね……

さちこども歯科は、いつも小さな患者さんたちの元気な声でいっぱいです。口を開けているとき以外はずっとおしゃべりしている、そんなお子さんもたくさんいらっしゃいます。

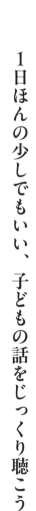

おしゃべりが大好きな子のお母さんからは、「家でもこの調子で……毎日疲れちゃうんですよ」なんて相談を受けることも。

本当なら、全部聴いてあげたい。けれど、仕事に家事に、他の兄弟姉妹のお世話……お母さんはいつもやることがいっぱいです。いくら愛する子どもとはいえ、四六時中ずっと話を聴いてあげるのは大変ですよね。

そのため、そういう相談をいただいたときは、「お母さん、1日1分でもいいからね。スマホも洗濯物もフライパンも置いて、お子さんと向き合いながら話を聴く時間をとってみて」とお伝えすることがあります。

前項で、子どもから聞こえる音もいろいろなサインを発信しているとお伝えしました。子どものおしゃべりもまた、その音の中のひとつなのです。

子どもは、お母さんに伝えたいこと、わかってほしいことがあるから一生懸命話しかけます。その内容は、大人にとっては本当に些細で、たいしたことではないかもしれません。でも幼い子どもは、その小さな出来事（経験や感動）

をお母さんに知ってほしい、一緒に楽しんでほしいと思うものなのですね。

ですから、1日のうちのほんの少しの時間でもいいので、お子さんの話に真剣に耳を傾けてみてください。そうしているうちに、サインを受信することができるようになり、その意味もだんだん理解できるようになると思います。

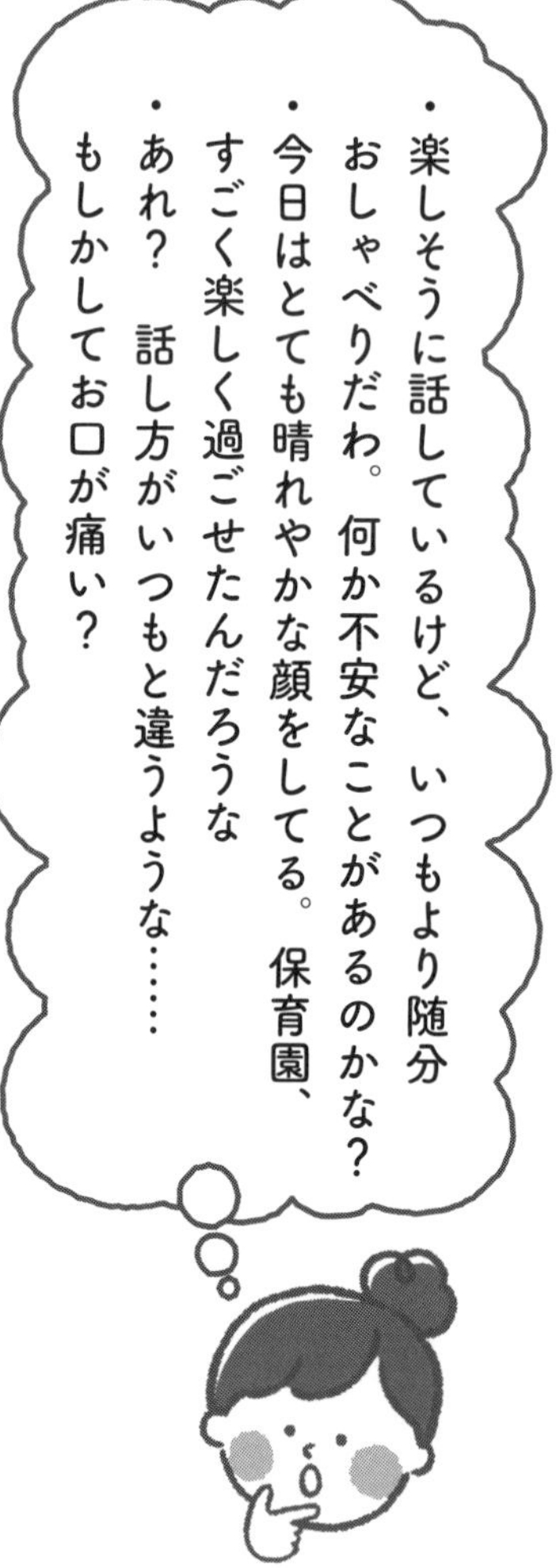
・楽しそうに話しているけど、いつもより随分おしゃべりだわ。何か不安なことがあるのかな？
・今日はとても晴れやかな顔をしてる。保育園、すごく楽しく過ごせたんだろうな
・あれ？　話し方がいつもと違うような……もしかしてお口が痛い？

こんなふうに、気づけるようになるのです。

実際、「昨日から、話し方が変なんです」とお母さんに連れられたお子さんを診療したら、口の中のトラブルが見つかったということもあります。

本当は、子どもが「話したい！」と思ったときにすぐ聴いてあげられるのが理想的ですが、そこは忙しいお母さん、残念ながらやることがたくさんあってすぐに時間を割けないことも多いでしょう。そして、「毎日は大変……」と感じるかもしれませんね。

そんなときは、保育園や幼稚園から帰ってきて、買い物したものを冷蔵庫に入れたらおしゃべりタイム！　お風呂の時間はおしゃべりタイム！　など、毎日することと紐づけると習慣化しやすいですよ。

長さではなく、毎日聴くこと。これが小さな変化にも気づけるようになる、とても重要なポイントなのです。また子どもにとっても、「毎日必ずお母さんが自分の話を聴いてくれる」ことが、深い安心につながることでしょう。

注意！　子どもの話を鵜呑みにしない

私は「子どもの話をよく聴いてあげてね」というメッセージとともに、「子どもの話をそっくりそのまま鵜呑みにしないようにね」ということも、お母さんたちに伝えたいです。

それはなぜか。理由は2つあります。

ひとつは、子どもは自分に起こったことの一部分を切り取って大人に話すことが多いからです。特に、幼い子どもにはその傾向が強く、驚いたことや痛かったことなど自分にとって印象が強いシーンだけを断片的に話す、といったことが多々あります。

もうひとつの理由は、子どもは日常的に嘘をついてしまうことがあるからです。よくあるケースを見てみましょう。

Case

①子どもの報告が切り取られているパターン

子どもからの訴え

☆Aちゃんにぶたれた

☆歯が痛いよ

お母さんの思い

☆叩くなんて、Aちゃんひどい！

☆むし歯かな？　歯医者さんに行かなくちゃ……

お母さんへのアドバイス

まずは、もう一度本人によくよく話を聴いてみたり、様子を観察したり、場合によっては担任の先生や友達など周りに事情を聞いてみましょう。するると、「実は、先にうちの子が叩いていた」「実は、歯が痛くなる前に転んで机の角に口をぶつけていた」なんてことが、明らかになるケースもあります。子どもが話すことをじっくり聴いた上で、前後に何かあったのか、あるいは継続的にしていたことはないか、体調の変化はないかなど、考えを巡らせてみることが大切です。

Case

②子どもの報告が実際と違うパターン

子どもからの訴え

☆僕はAちゃんなんか叩いてないよ！

☆歯なんか全然痛くないよ！

お母さんの思い

☆あれ？　先生からの報告と少し違う？

☆あれ？　食べる時に痛そうにしているのに……？

お母さんへのアドバイス

こんな小さな嘘、よくありますよね。ただ、ここで頭ごなしに「なんで嘘をつくの！」「嘘はいけません！」と怒らないであげてください。

中には、嘘によって重大な症状が隠されていることもあります。子どもの話を聴きつつ、身体や表情を見たり、触ったり、匂ったりと五感をフル回転させて「本当に大丈夫かな？」「いつもと違う様子はないかな？」と、総合的に判断してみてほしいと思います。お母さんだけではわからない場合、園や学校の先生、友達、医師など第三者の力を借りてみるのも一案です。

子どもは嘘をつくもの。嘘をつくことで学ぶことがある

さて、ここで少しだけ、嘘をつくことについて触れておきたいことがあります。

嘘は確かによくないことですし、どこの家庭でも「嘘はついてはいけない」と教育されていると思います。ですが、子どもの嘘は、大人の世界にあるような根深い嘘というよりも、

・怒られたくないから
・歯医者さんに行きたくないから
・うまく説明できないから
・恥ずかしいから
・秘密にしたいから

など、大抵そんな何てことのない嘘が多いものです。

そこで大人が責め立てて大ごとにしてしまうと、子どもは余計に本当のことを言いづらくなって、嘘を重ねてしまうかもしれません。

「嘘も方便」と言いますよね。

これから人生を生きていく上で、自分や大切な人を守るため、あるいは人間関係を円滑にするためなど、ときに嘘が必要な場合もあります。これから年頃になって、親に隠しておきたいことも出てくるでしょう。

「嘘は100%悪いもの」と決めつけて、逃げ場をなくしてしまうのも、子どもにとってはよくないのではないかと思うのです。

まだ人生の勉強途中である子どもは、嘘をついてしまうもの。それは大前提として、その嘘は本当に明らかにすべきことなのか、様子を見て見過ごしてよいことなのか、もしくは事情を探ったほうがよいことなのか。大人がそれを見極めることが、とても大切なのではないかと、私は考えます。

嘘をつく経験により、子どもは子どもなりに周りの反応を見たり、罪悪感を抱いたりすることで「嘘はいけないこと」だと自然に学んでいきます。それに加えて、大人も成長の段階に応じて「なぜ嘘をついてはいけないのか」「身体や命に関わる嘘はつかないでね」といったことを、子どもとじっくり話せる機会を持てるとよいですね。

伝えられる子になるってとても大切

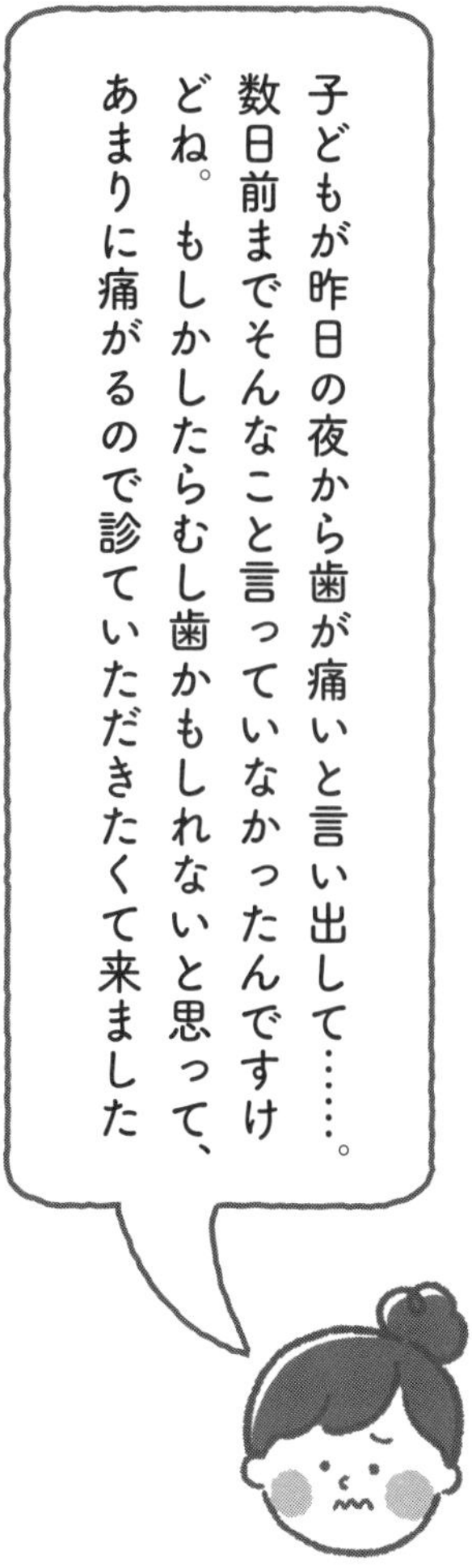
子どもが昨日の夜から歯が痛いと言い出して……。数日前までそんなこと言っていなかったんですけどね。もしかしたらむし歯かもしれないと思って、あまりに痛がるので診ていただきたくて来ました

診療室に入るなり、お子さんの症状をお話しくださるお母さん。

とても心配して不安だったのだろうな。痛がるお子さんがかわいそうで、忙しい中、連れてきてくださったんだな。そんなふうにお母さんの心境を想像しながら、私は必ずお子さんにも症状を聴きます。

どんなときに痛いのかな？

うーんとね。おみずをのんだときに、キーンていたくなる

そうなんだね。つめたいおみず？

つめたいのだよ！

歯磨きのあとのぶくぶくうがいのときのお水でも痛いのかな？

うーん……いたいときもあるし、いたくないときもあるよ

こんなふうにお子さん自身に症状を説明してもらうと、お母さんの話にはなかったことがわかることもあります。

もちろん年齢によってどれだけ詳しく話せるかは異なりますが、こちらがわかりやすく答えやすいように質問し、真剣に聴くと、子どもは子どもなりに一生懸命説明してくれます。

私は歯科医師として、このように子どもが「自分の症状を、自分で的確に伝えられるようになること」も、とても大切だと考えています。

なぜなら、どんな子どもでもいつか自立した大人になるからです。当たり前ですが、いずれはお母さんやお父さんと一緒ではなく、一人で病院に行かなければならない日がくるわけです。

成人していても「病院などに行くと、自分の症状をうまく話せない」という方が意外とたくさんいるという話も聞きます。

たしかに、お医者さんを目の前にすると、緊張してしまってうまく説明ができない、ということもあるかもしれません。ましてや大人なら、「こんなこと言ったら変に思われるかも」「こんな症状で来たらダメかな」など、恥ずかしい、迷惑をかけたくないという気持ちなども相まって、ますます説明しづらくなることもあるでしょう。しかし、それでは正確な診断ができない可能性があります。

結局のところ、自分の体調、本当に痛い場所や辛さは本人にしかわかりません。それを医師にうまく伝えられるようになるために、子どもの頃から自分自身で説明できるように練習していくことも大切です。子どもにとって、痛いことは特に不安だと思います。誰にとっても痛みは辛くて嫌なものです。子どもが今まで経験したことのないほどの初めての痛みかもしれません。自分で表現するのが難しいのは当然のことです。

医師の立場から、お母さんに最も意識していただきたいことは、どんなに子どもがつたなくても、戸惑っていても、グッとこらえて子どもの言葉を待ち、口を挟まないようにすること。子どもが助けを必要としているなと思われるときには、適度に助け舟を入れても良いかもしれませんが、必ずしも必要ではありません。そして、医師からのお母さんへの質問には的確に答え、子どもへの質問に、お母さんが答えることは避けましょう。

小児歯科専門医は、プロとしてできる限りお子さんと向き合い、症状を把握することに注力していますから、そこはお任せするのがよいでしょう。

ちなみに私の場合は、お母さんだからこそわかる情報を引き出すこともよくあります。例えば夜寝る時間や寝ている間の様子、食事の量や様子など、一見すると症状とは関係がなさそうに思える質問も多くあります。子どもに起こっている症状の原因は、客観的、多角的に見る必要がある場合も多いからです。

お母さんが良かれと思って子どもに伝えた一言は、ときに子どもを誘導することにつながる場合もあります。そうなると適格な診断に影響することもあるので、**医師に任せつつ、様子を見ながら適宜行動する**ようにしましょう。

そして診察室を出たら、**「上手に説明できたね!」と思い切り褒めてあげてください。**その経験を積み重ねていくことで、子どもはどんどん自信をつけて、伝え上手になっていくことでしょう。

この病院でのやり取りは、なんでもないことのように感じるかもしれませんが、子どもが成長するためのいい機会になるばかりか、この先の子どもの人生に大きく関わる可能性があります。

「この子はちゃんと、自分の言葉で伝えることができる」というお母さんから子どもへの絶対的な信頼を伝えることができ、さらに「お母さんは自分を信じて待ってくれている」という子ども自身に湧きあがる安心感が、やがて自信へとつながっていきます。

親が子どもを守ってあげられるのは、長い人生の中のほんのわずかな時間です。当然ですが、子どもは人生のほとんどを自分で自分を守りながら生きていかなければなりません。

伝え上手になることは、子どもの命を守る心強い防具となります。

「まだうまく話せないから」「私が説明したほうが早いから」などと思わず、家庭でも病院でも、どんどん子どもに自分の身体のことを話してもらい、お母さんは聴き上手に徹してみてください。

それがやがて、子どもが自立して社会に出たあと、職場や仲間内、交渉や取引の場などさまざまなシーンにおいて求められる「自分自身の言葉で、いろいろなことを的確に説明できる」という、大事な力にもつながっていくと、私は考えています。

匂いって、いろいろな情報を伝えてくれるんです

たかが「匂い」、されど「匂い」なのです

お子さんが生まれたばかりのときの匂い、覚えていますか？
まるでフルーツのような、ミルクのような、ほんのり甘く柔らかい香り。抱っこするたびにくんくんしていたというお母さんたちも多いことでしょう。

それもそのはず。実は、昨今の研究によって新生児特有のあの香りは、オキシトシンの分泌を促してお母さんを癒やしたり、赤ちゃんを愛おしく思う気持ちを増幅させたりしていることがわかっているのです。

まだ言葉も意思表示もままならない赤ちゃんが、匂いを放つことでお母さんとコミュニケーションをとっているなんて！　驚き、感動するとともに、私たち人間は本能的に五感を活用するようプログラムが組み込まれて生まれてくるのだな、と感心します。

ちなみに新生児の香りがするのは、生後6カ月くらいまで。成長とともにだんだん消えていくのだそうです。そう思うと、もっともっとたくさん嗅いでおけばよかったなぁ、覚えておきたかったなぁと思ってしまいますね。生まれての赤ちゃんがいるお母さんは、ぜひ今を大切に胸いっぱい思い切り吸い込んで、記憶しておきましょう。

そもそも動物は、匂いでいろいろなやり取りを行っています。

ワンちゃんやネコちゃんが、お互いのお尻や身体の匂いを嗅いで相手のことを識別しているのはみなさんご存じですよね。

人間だって、同じです。

・このハンカチ、お母さんの匂いがする
・これは大好きな彼の匂い

そんなふうに特定の人の匂いを意識した経験は、誰しもあるでしょう。

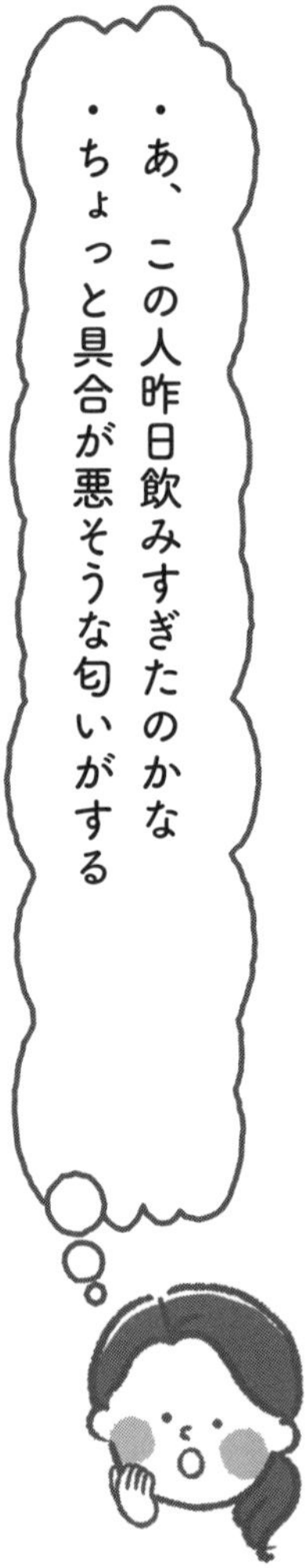

・あ、この人昨日飲みすぎたのかな
・ちょっと具合が悪そうな匂いがする

そうやって嗅ぐことで、行動や体調を判断するといったことも無意識にしているはずです。

お子さんにも同様に嗅覚を働かせてみてください。

新生児に限らず、いろいろな匂いを通じて、子どもの身体の情報を知ることができます。

疲れているとき、風邪気味のとき、お腹の調子が悪いとき、汚れているとき……ストレスや緊張など心身に負荷がかかっているときも、体臭が濃くなるなど匂いに変化があります。さらに、重大な病気が隠れているサインとして匂いを出している場合もあります。

たかが「匂い」されど「匂い」。

ここではそんな「匂い」の大切さを一緒に見ていきましょう。

子どものこと、いつでもくんくんしてみよう

では、子どもの匂いはどこから発生していると思いますか?

頭? おでこ? 首? 手? 足? お尻?

全部正解です。

人間は皮膚全体から匂いを出していますから、どこを嗅いでも何かしらの匂いがあります。中でも特に、頭やわきのしたなど皮脂が多く分泌される場所は、匂いが強くなります。もちろん口からも匂いを感じますし、もっと言えばうんちやおしっこ、汗など身体から排出されるものからも匂いが発生します。

つまり、子どもは全身から絶えず身体のメッセージを放出しているということ

と。

これを嗅がないなんてもったいない！

毎日、お子さんをくんくんしちゃいましょう。

赤ちゃんの場合、抱っこしたときの頭の匂い、着替えたときの汗の匂い、おむつを取り替えたときのおしっこやうんちの匂いなど、日常的なお世話の中で匂いを感じるシーンがたくさんあると思います。

成長して一人でできることが増えると、だんだんお世話をする機会は減っていくものですが、それでも大丈夫。毎日のスキンシップやコミュニケーションに、ぜひ「くんくんチェック」もセットで付けてみてください。

ハグをしたときに頭や首をくんくん、つないだときに手をくんくん、おしゃべりしたときや仕上げ磨きをするときに口をくんくん……。ほら、くんくんできるタイミングって結構あるでしょう？

「くさぁ～い！」なんていわずに、ぜひ毎日くんくん嗅いでみてください。いつも一緒の匂いだと思ったら大間違い！　毎日嗅いでいると、食べたもの、触ったものなどで匂いは変わりますし、当然体調によって日々変化していることにも気づくと思います。

「今日はどんな匂いかな？」と、お子さんの匂いマニアになっちゃいましょう。

匂いで安全も確保できる

匂いは、子どもの身体や心の状態だけでなく、その周りにある危険を回避するための情報としても役立ちます。

例えば、「変だな、嫌だな」と感じる異臭。

煙の匂いがすれば、近くで火事が起きているかもしれません。ガスの匂いがすれば、ガス漏れの可能性もありますし、室内で焦げ臭ければ、火をかけっぱなしの鍋があるかもしれません。またあまり考えたくはありませんが、昨今は化学テロのような怖い事件も起きています。

おかしいと感じる異臭に気づくことができれば、危険な匂いならただちに避難する、嗅いだことのない匂いがある場所には近づかず、子どもにはできるだけ匂いを嗅がせないなど、そのときどうすればいいのか、瞬時に判断し行動に移し、危険を回避することができます。

食べ物や飲み物の異臭も同様です。

「これはまだ食べられるかな？」と、賞味期限が切れそうな食べ物や飲み物を嗅いだことがあるのは、私だけではありませんよね（笑）？

賞味期限はあくまで「美味しく食べられる期限」なので、そこまで神経質にならなくても個人的には大丈夫だと思っています。ですが、気温や湿度の高い季節、室内では、腐敗やカビ発生までのスピードが速まります。子どもが食べるもの、特に生ものはなるべくお母さんがくんくんチェックをしてあげたいですね。


くんくんチェックは、子どもと一緒に楽しむこともできますよ。

きれいなお花を見つけたとき、よそのおうちの夕飯の香りが漂ってきたとき……、

「ほら、いい匂いがするよ」と、お子さんに声をかけてあげると、きっとお子

さんもかわいい鼻でくんくんしてくれるはず。

「お母さんってどんな匂いがする？」と、お互いの匂いを嗅ぎ合いっこするのも楽しそうですね。

そのとき、子どもがあまり匂いを感じていないようなら要注意。感じていても表現しにくいだけかもしれませんが、鼻を通して感じた匂いの刺激は、脳に伝わって認識されます。もし匂いがわかりにくい場合は、そのどこかのプロセスで異常が発生している場合もあります。また鼻炎や風邪、アレルギー症状などで嗅覚障害がある可能性も否定できません。新型コロナウイルス感染症が蔓延したときは、多くの人に匂いを感じない症状が出ましたね。

実は、嗅覚は視覚や聴覚といった他の感覚に比べると、少し特殊な一面があります。

例えば、鼻から感じた匂いの情報は、五感の中で最も早く脳の中で本能や情動を司る「大脳辺縁系」に伝わると言われています。これは、他の感覚が理性を司る「大脳新皮質」を経由するのに対し、嗅覚はダイレクトに「大脳辺縁系」に伝わるためです。

特定の匂いを嗅ぐことで、過去の出来事が急に思い出されるといった経験は誰にでもあるはず。

嗅覚は、相手を識別したり、危険を察知したり、食べ物の安全性を確認したり……と、生きるために重要な感覚だからこそ、他の感覚とは差別化されているのではないでしょうか。

こんな特別な感覚を、日常的に使わない手はありません。ぜひいつでもくんくんチェックをする癖をつけて、お子さん、またお母さん、ご家族の健康や安全を守っていきましょう。

嗅覚は生きるために重要な感覚

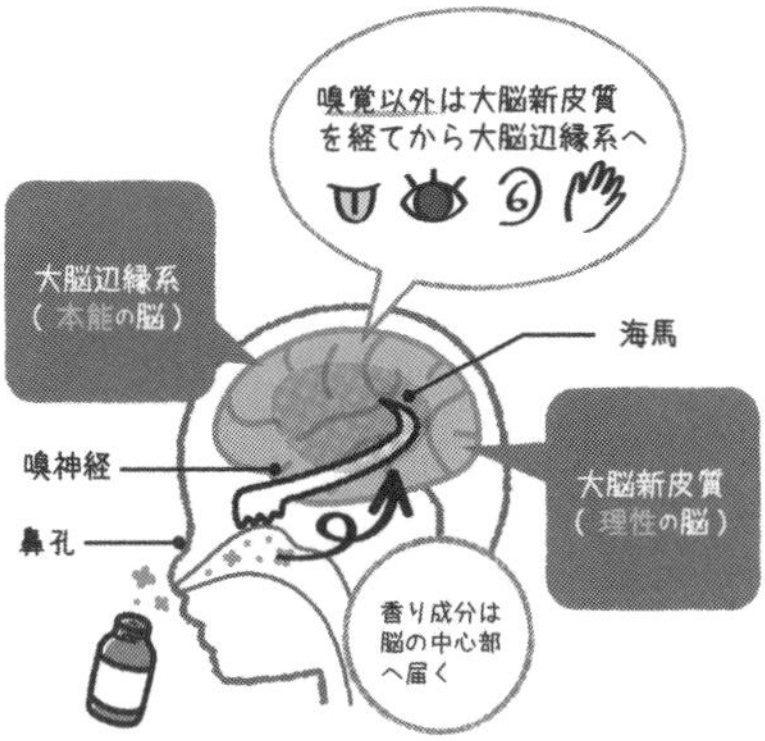

①食べ物が傷んでないかどうかの確認

②危険な異臭などを察知する

などなど……

しっかりと〝味わえる〟舌を育てる大切さ

味蕾は小さな子どもが最も多いからこそ

美味しいものを食べると、幸せな気持ちになりますよね。これは、口の中に食べ物が入り咀嚼することで、味や香り、食感などの情報が脳に伝わってドーパミンやβ-エンドルフィンといった快感をもたらすホルモンが分泌され、幸福感が生まれているからです。食事は、脳で味わっているとも言えるのです。

その味わいの入り口となるのが、口であり舌となるわけですが、人間の舌には味蕾《みらい》と呼ばれる、甘味や苦味といった味を感じる細胞が存在しています。舌の表面にある赤いブツブツしたものといえば、みなさんおわかりになると思います。

この味蕾、実は毎日ちょっとずつ数が減っています。生まれたときは1万個ほどありますが、加齢とともに減少して、成人するとその数は7500個ほどになると言われています。

つまり生まれたばかりの赤ちゃんや小さな子どもは、最も多くの味蕾を持っているため、非常に敏感に味を感じることができるのです。

また人間の味覚形成は、子どもの頃の食生活から大きく影響を受けると言われています。その中でも特に味蕾がたくさんある乳幼児期にこそ、豊かな味わいをたくさん経験させてあげたいですね。

人間が舌で感じられる味は、甘味、塩味、酸味、苦味、うま味の5種類で「五味」と呼ばれます。この五味は、それぞれが身体に対して、必要な栄養素の存在や危険を伝えるシグナルのような役目を持っています。

- 甘味……エネルギー源である糖を知らせる
- 塩味……ミネラルを知らせる
- 酸味……腐敗を知らせる
- 苦味……毒を知らせる
- うま味……たんぱく質のもととなるアミノ酸を知らせる

つまり、この時期に「しっかり味わえる舌」を育てることは、これから健康的な食生活を送る基盤となるのです。そのため、なるべく味付けは最小限にして、素材そのものから感じられる五味をいっぱい覚えてもらいましょう。月齢によって食べられるものは異なりますが、旬の野菜や魚、うま味の多い食材は積極的に食べてもらいたいものですね。そうした豊かな食体験は、子どもの味覚の幅をグッと広げるだけでなく、詳しくは後述しますが、脳の発達にも良い影響を与えるのです。

ここからは、そんな意外と奥が深い「味わう」について考えていきたいと思います。

意外と知られていない、味覚だけではない舌の大切な働き

私は歯科医師ですが、歯と同じくらい注目するのがお子さんたちの舌です。なぜなら、舌は味わいの入り口であるだけでなく、子どもの成長に関わるたくさんの役割を担っているからです。

例えば、食べ物を細かく噛み砕く咀嚼《そしゃく》や、飲み込む嚥下《えんげ》も舌の動きなしではできません。

また発音もそうです。人間は口や唇の動きとあわせて、舌も口の中で活発に

動くことで、さまざまな言葉を発することができるのです。

しかしながら、これまでたくさんの子どもの口の中を見てきた私が最近感じているのは、舌の力がついてくるのがゆっくりな子が増えてきたということ。

- 先生、うちの子は滑舌が悪いんですよ
- 舌で押してくるので仕上げ磨きができないんです

そんなご相談を受けてお子さんの口を見せていただくと、舌の動きが幼い場合が多いです。

なぜ、そんなことがわかるの？　と思われるかもしれませんが、顎の形や、噛み合わせにあらわれやすいのです。もちろんそれだけではなく、歯の位置や傾きなどの生え方にもあらわれます。また歯の生え変わる様子にあらわれる場合もあります。そして食の好みなどに関係することもあります。

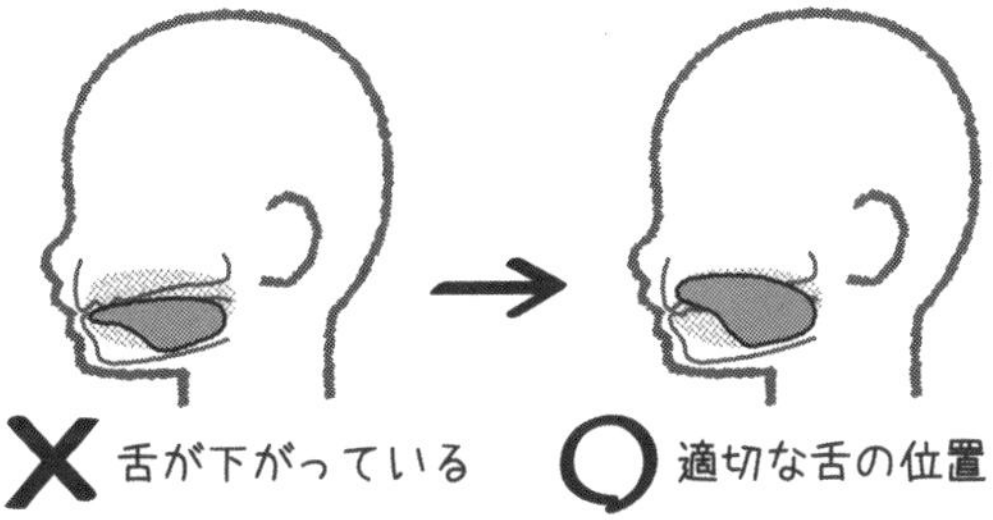
×舌が下がっている
○適切な舌の位置

大人の舌の適正な位置は、舌全体が上顎にくっついている状態です。それにより呼吸とともにウイルスや細菌が身体に入り込むのを防ぎ、鼻呼吸も促してくれます。また、歯並びにも良い影響を与えます。

みなさんも今、舌を適正な位置に動かしてみていただきたいのですが、上顎に自然な圧がかかっていることがおわかりになると思います。

つまり、この位置に動かすためには舌筋といわれる舌の筋力が必要であり、それにより上顎は常に押し上げられている状況なのです。

そのため、舌を置いている子どもの上顎は、まるで虹のようなきれいなアーチ型をしています。

一方で舌が幼い子どもは、日頃から押し上げることが少ないため、上顎は横への広がりが弱く、前方に突き出た印象で細長く、また深くくぼんだ形をしていることが多いのです。さらに、普段から口がポカンと開きやすいという子もいますね。

20年ほど前には保育園の歯科検診に行くと、理想的といえるようなお口の子どもはたくさんいましたが、最近はかなり少なくなっています。いても数名。もちろん個人差はあります。生活様式の変化など、時代の流れによる変化なのでしょう。

舌が幼なければ、当然なめらかにしゃべりにくくなりますし、好き嫌いなく食べるのも難しくなるでしょう。上顎が狭くなることで、その上にある鼻腔も狭くなり、鼻呼吸しにくくなる可能性もあります。

この状態になることの要因は、さまざま考えられます。

例えば、胎児の頃の子宮の中での姿勢や、赤ちゃんのときの抱かれ方、おっぱいやミルクを飲むときの姿勢。授乳クッションやバウンサーを使って飲ませるとき、赤ちゃんの身体が伸びた姿勢になることもあるかもしれません。その姿勢で舌を上げるのはとても大変なのです。

背骨を丸めて足をお腹に近づけた状態で飲む姿勢は、赤ちゃんにとって舌を

背中はまっすぐ
腕で背中から
お尻まで支える
クッションで
支えるのもOK

〈別の抱っこのしかた〉

ボールを
かかえるように
クッションなどで
支える

自然と上げやすくなり、力強く舌を動かせるようになるのです。

もっと早く知りたかったという方もいるでしょう。何も心配はいりません。筋肉は、何歳からでも変えることができると聞いたことがある方も多いでしょう。舌筋も同じです。**もし今、子どもの舌が幼なかったとしても、これからいくらでも変わります。**


ぜひ、毎日の食卓では、子どもの目の前でおいしく落ちついて食事をするように実践してみてください。そして、常にお母さん自身が子どものお手本となっていることを意識しましょう。

子どもと一緒に、同じものをできるだけ同じ形で楽しく食べることがコツです。

そして何より大切なのは、食事の時間にしっかりとお腹が空くこと。さらに、味や食感も含めて、バラエティ豊かな食事を味わうことです。

親が食事をおいしく味わっていると、そのうち、それを見ていた子どもが欲しくてたまらなくなって思わず横取りしてしまう、なんてことが起きるかもしれません。

子どもがご飯を食べたくて待ちきれないほど、食事に興味を持つようになれば、子どもの様子は簡単に変わっていくことでしょう。

むし歯のためには甘いものはもちろんやめたほうがいいけれど

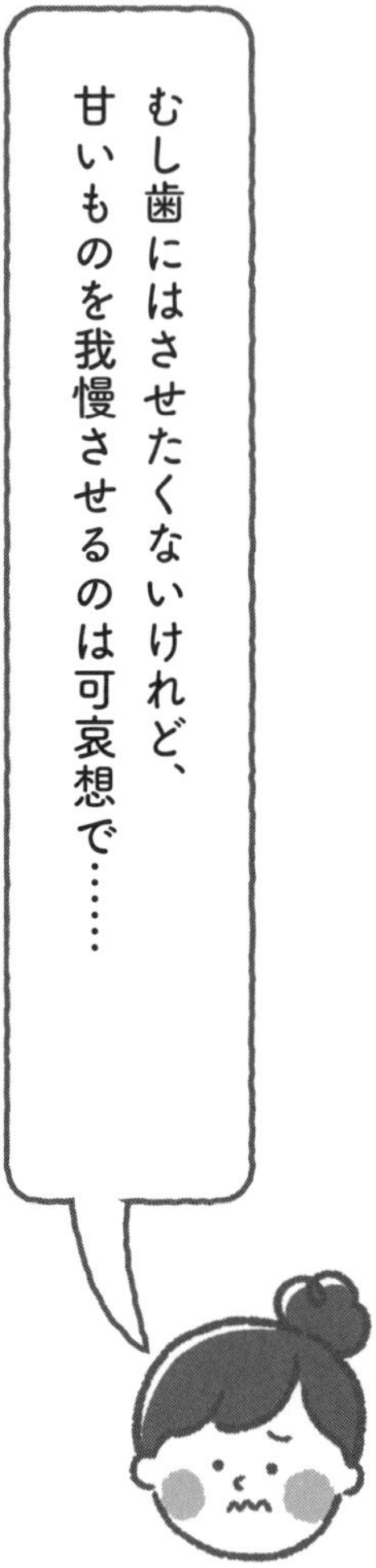
むし歯にはさせたくないけれど、
甘いものを我慢させるのは可哀想で……

歯科医師をしていると、お母さんからそんな声もよく耳にします。

ご心配の通り、甘いお菓子に含まれる糖質はむし歯の原因となる要素のひとつ。甘いものを取らなければ、当然、むし歯にはなりにくくなります。

ですが、大好きなおやつを味わうひとときは、子どもにとって大切なものです。お母さんやお友達と一緒に美味しさや幸福感をわかち合う、さまざまな食感のものを噛んだり舐めたり飲み込んだりして脳に刺激を与えるという意味でも、有意義な時間だと思います。

ですから私は、むし歯ができるからといって「おやつをやめてくださいね」とは言いません。

ただしおやつに対してのルールを決めています。

そのルールとは、

「食事がおいしく感じられる範囲でのおやつにする」ことです。

デザートについても同様に、食事をきちんと食べたら味わえるものに位置づけすることです。

身体が大きくなるために必要な食べ物は何でしょうか。そしてそれがおいしく食べられなかったとしたら、身体は大きくなれるでしょうか。

食べたものから身体はつくられます。お菓子や果物だけでは骨や筋肉や血液をつくることはできません。

そもそもおやつは、飴やガム、チョコレートといった甘いお菓子である必要はないのです。

胃がまだ小さくて三食だけでは不足する分を「補食」として食間にとるようにしたのがおやつの始まりです。ですから、三食だけで必要な栄養がとれたら、おやつはなくてもいいのです。

いつからか多くの人に「子どもは甘いものが好き」という思い込みが根付いています。しかし実は、味覚が発達段階にある子どもには「甘いものが美味しい」という感覚がそもそもないのです。

もちろん五味の中で、酸味や苦味といった身体に危険かもしれない味と比べると、身体をつくる甘味や塩味、旨味は美味しく感じるようにできていると言われます。しかしとりわけ甘味だけ、ということはないのです。

では、なぜ多くの子どもが甘いものを好むのかといえば、大人が甘いものを与えることでその美味しさを覚えてしまうというだけなのです。

特に甘いものは、摂取することでβ-エンドルフィンという脳内物質が分泌されます。これは脳内麻薬とも呼ばれ、快感や幸福感を与える一方で、一度覚えてしまうと際限なく欲しくなってしまう依存性を引き起こすことでも知られています。

気をつけなくてはならないのは、化学合成によって作られた人工甘味料です。市販のお菓子はもちろん、低カロリーや糖質ゼロをうたった商品にもよく使われていますね。

人工甘味料にもさまざまな種類がありますが、少量で美味しさを感じられるよう強い甘味がつけられており、中には砂糖の600倍近くの甘さのものもあります。

そのため人工甘味料の甘味に慣れてしまうと、甘味を感じるバロメータが上がってしまい、普通の甘味では満足できなくなり、むしろ糖分の摂取量が増えてしまう可能性もあるのです。

むし歯予防の観点でキシリトールなどの人口甘味料を使う場合には、きちんと目的を持ちルールを決めて使うようにしましょう。

そもそも子どものおやつには甘いものを与えなくても大丈夫ということ、そしてもし甘いおやつをあげる場合、少しリスクがあるということです。

「じゃあ、おやつには何をあげればいいの？」と思いますよね。

例えば、お芋やおにぎり、サンドイッチなどに変えてみるのはいかがでしょう。自然の食材から得られる優しい甘味は依存性の心配もありませんし、むし歯にもなりにくく腹持ちもいいと、良いこと尽くしでおすすめです。

そもそもおやつには〝補食〟として、主食で不足している栄養を補う役割がありますから、朝食や昼食の延長としておかずやフルーツなどでもよいでしょう。

「今日は、何の具のおにぎりにしようか？」「何味のサンドイッチが好き？」と、お子さんと一緒に作れば、より楽しいおやつタイムになりそうですね。ぜひいろいろ工夫してみてください。あくまで三食の食事がおいしく食べられるように食事の時間にはお腹が空くような量に抑えることもとても重要なことです。

よく噛んで食べることがすごく大事な理由

舌が育つために、噛みごたえのある食事を……とお伝えしましたが、よく噛んで食べることは、子どもにさまざまな良い効果をもたらします。どんな効果があるのか、具体的に見てみましょう。

噛むことの効果①　顎の発達

特に成長期によく噛んで、顎にかかわる筋肉に刺激を与えることで、顎の発達が促進されます。

顎は、人間にとって非常に重要な部分です。歯や舌だけでは物を食べることはできませんよね。しっかりとした顎があるからこそ、食べ物を噛み砕いたり、すり潰したりできるのです。また声を出したり、強い力を出したいときに食いしばったりするのも顎。健やかな成長に、強い顎は欠かせないものなのです。

噛むことの効果②　唾液の分泌

耳の下や顎の下、舌の下にある唾液腺は、噛むことで刺激を受けてたくさんの唾液を分泌させます。

唾液には、実にたくさんの役割があります。

・食べ物の消化を助ける
・食べカスを洗い流し口の中を清潔にする
・粘膜を保護する
・むし歯や口臭を防ぐ
・細菌の増殖を防ぐ
・免疫力を上げる
・食べ物を飲み込みやすくする
・口の中を中和する　など

唾液にはまだまだ知られていない成分もあり、100以上もの成分により全身の健康を保つために有効な働きをしています。

噛むことの効果③　脳の発達

実は、口の周りや口の中には、脳につながる神経が全身の他の部位よりも密にあります。

よく噛んで味わうということは、味覚、触覚、嗅覚、視覚、聴覚とまさに五感をフルで活用します。そうした刺激が、脳のさまざまなところへ伝えられることで活性化につながり、脳の発達に良い影響を与えると言われているのです。また脳内の緊張を和らげて情緒を安定させたり、よく噛むことで満腹中枢が働くので、食べすぎを抑え、肥満を防ぎます。

よく噛むことは、健康に生きること。そう言っても決して過言ではないと思っています。何よりも、一緒に楽しく味わいながら食事をすることが一番です。

また言うまでもなく、よりよく噛むためには健康な歯が必要です。お子さんもお母さんもいつまでもしっかり噛みしめて味わえるように、口のケアも一緒に楽しんでいきましょう！

Column コラム

私がすぐに歯を削らない理由

むし歯は削って詰め物をする。多くの人はそう思っていらっしゃることでしょう。かくいう私も、しっかり勉強し、そのような教育を受け、きれいに形を元に戻すように近づけることを得意として治療していました。

しかしここ数年、私はむし歯を極力削りません。

それはなぜか。

削って詰めたことが原因と思われる、さまざまな不調に気づいたからです。

「さち先生、なんか口が開けにくいの。それに右の歯がちょっと痛いときもあるんです」

そう症状を話してくれたのは、小さな頃から通ってくれている小学3年生の患者さん。

口を見せてもらうと、確かになんとなく開けづらそう。本人は気づいていませんが、顎が必ず右側にずれて開いていくのです。

しかし、レントゲンを撮っても痛いという右の歯も含めてむし歯ひとつ見当たらない。「うーん……」と考えながら、もう一度口の中とカルテをくまなく見てハッとしました。

左下に、私が3、4年前に行った早期発見して小さく削ったむし歯の治療跡を見つけたのです。「詰め物がぶつかっているのかもしれない」と感じた私は、詰め物だけをほんの少し削って形を整えました。

「もう一回開けてごらん」

そう言うと、今度はスムーズにまっすぐ口が開きました。本人もびっくり！

喜んで帰っていきました。

あとから聞くと、最近になりときどき右側の歯がしみることがあったそうです。おそらく身体が無意識に、左側で噛んだときの違和感を避けるように顎を右に寄せていた。私はそのように考えました。右の歯は、左をかばっていたために極端に力が加わり、痛みが出ていたと。

もちろんすべての患者さんに通じるものではないとは思っています。しかし実は、このような例は1人や2人ではないのです。

詰め物を調整したら、食いしばりや顎の痛み、歯茎の腫れがなくなった。前歯の詰め物を調整したら、奥歯のむし歯の進行が止まった。奥歯の詰め物が壊れなくなった。奥歯の詰め物を調整したら前歯の詰め物が壊れなくなったという子もいます。

詰め物も言うなれば人工物。口の中では異物ではあります。詰めたときは問題なくても、何年か経過して成長とともに顎骨や歯や歯茎に変化があると、詰め物の変化とのずれが起こりトラブルが出てきてしまうのかもしれません。

私の経験上、大半のむし歯は、進行止めの薬を塗って成長にしっかりと寄り添うことで細菌の侵入を抑えられます。特に乳歯の場合は、そのままできれいな永久歯に生え変わっていきます。


そしてもうひとつ、私がすぐに削らず詰めない理由としてぜひ知っていただきたいのが、「歯自体が治癒力を持っている」ということです。

荒唐無稽な話と思われる方もいらっしゃるかもしれませんが、長年の治療経験の中でそう結論づけるしかない症状をたくさん見てきました。

歯は、菌を歯の奥に進めないようにする力を持っています。ですから、その作用が働いているのを確認できた場合、そして痛みやしみるなどの症状がない場合には、私は削って詰める治療を極力延期します。痛みなどの症状は体からのサインなので、まずは症状がなくなるように対応し、それが落ち着いたらとにかく寄り添いながら次のタイミングを待つのです。

もちろん削って詰めるという治療法を否定するつもりはまったくありません。ただ、方法はタイミングも含めてひとつではないということ。もしお子さんの原因不明の症状でお困りの際は、私が経験した事例も思い出していただけたら嬉しいです。

Chapter 4

身体の症状を解き明かすと

身体の訴え、その理由は子ども自身が知っている

痛みの理由はいろいろある

子どもが訴える痛みの原因は、多岐にわたります。

「転んでおでこを打った」「熱いものを指で触ってしまった」など原因が明確な場合もあれば、なかなか原因を特定しづらい場合もあるでしょう。精神的な問題により発生している痛みは、そのひとつです。

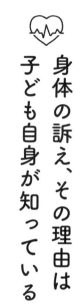

例えば、子どもが「頭が痛い」と訴えてきたとします。風邪を引いて熱があるのかもしれませんし、睡眠不足や疲れが原因かもしれません。しかし、測っても熱はないし、眠気も疲れもなさそう。

そんなとき実は、よくよく子どもに話を聞いてみたら「新しいクラスにいじわるな子がいる」「授業の内容がわからなくて焦っている」といった緊張や不安などの精神的ストレスが原因で頭痛を引き起こしていた、ということも往々にしてあるのです。

また、痛む場所とはまったく別の場所の不調が原因で、引き起こされる痛みもあります。

例えば、「歯が痛い」と来院してくる子どもの口を見ると、むし歯ができていることは多いものの、むし歯が一切ない場合もよくあるのです。

そんなとき、さまざまなことが考えられますが、私がまず確認するのは「歯の詰め物」もしくは「成長痛」です。

前章でお伝えしたように、詰め物の大きさや高さが合わないために痛みが出る、あるいは詰め物がある側とは逆の歯が痛むといったことも少なくありません。

そして5、6歳の子どもに多く現われるのが成長痛です。

保育園の先生たちから、ときどき受ける相談にこんなことがあります。

「さち先生、給食中に歯が痛いと泣き出す子がいるんです」

先生たちは、「むし歯かな?」「歯医者さんに行くように伝えなきゃ」と慌てて連絡帳に書くものの、翌朝お母さんから「今朝はケロッとよくなって……」と言われて、拍子抜けすることがよくあるらしいのです。

「ああ、年長さんなら成長痛の可能性が高いですよ」とお伝えすると、先生たちはみなさん「そうだったんですね」とホッとした表情をされます。

あまり知られてはいないかもしれませんが、年長さんから1年生くらいにかけて、顎は「超成長期」と言ってもよいほど飛躍的に成長します。乳歯よりも1.5倍ほど大きな前歯がニョキッと生えるのはわかりやすいですが、その影でその歯を支える顎もまた、横にググッと急激に広がるのです。20本から24本に増えるのもこの時期で、一番うしろに一番大きい歯が生えてきて奥にも広がるのです。

すると噛む位置も当然変わってきます。上下の歯の噛み合わせは、少しでもズレると変な感じがしますよね。

それが、この成長期の子どもの場合はとても短いスパンで起きます。本人はそうとは知らず一心にご飯を食べます。噛みやすい歯で一心に食べるので、特定の歯でガツンガツンとぶつけてしまって、歯の周りの骨が悲鳴をあげます。あまりの衝撃に使っている歯が欠けてしまったり、歯の周りの骨が腫れてしまい、中には顔面まで腫れることもあり、また特定の歯の隙間に食べ物がぎゅうぎゅうに詰まるなどして痛みが出る場合もあるのです。

大体の子は、一晩で痛みが落ち着くことが多いのですが、長いと数カ月も痛みや腫れを繰り返すことも。右の痛みがおさまったと思ったら、今度は左が痛み、左がおさまったら、また右……と、左右交互に痛みや腫れを繰り返すことがあるのも成長痛の特徴です。

成長痛がほとんどない子もいます。実際、ひと昔前まで成長痛で悩む子どもはそれほどいなかったと思います。

なぜ、成長痛で大変な思いをする子と、そうでない子がいるのでしょうか？

その差は何かというと、「身体の軸」が鍵になっていると私は思っています。

身体の軸とは何か。

「正中感覚」と呼ばれることもあり、身体にとってのセンターラインがどこにあるかを理解する感覚のことです。

身体のバランスや安定感は、この軸が非常に重要な役割を果たしているのです。

わかりやすい例を出すと「こま」を思い浮かべてみてください。

こまには、真ん中に一本の軸がありますね。この軸がブレずにしっかりしていると、こまは安定して、長く回りつづけることができるわけです。

人間の身体も同じで「身体の軸」がしっかりと整うと、健康や身体を使ったパフォーマンスに良い影響を及ぼすわけです。

歯の成長痛の話に戻します。

たとえ噛み合わせがズレて「食べにくいな」「歯が当たって痛いな」と感じても、だましだまし優しく食べることができれば、そこまで強い痛みにはなりません。ただし、そのような繊細な食べ方をするためには、ある程度の筋肉のコントロール力が必要なのです。

身体の軸がないと、力のコントロールがうまくできず、ガツガツと力いっぱい食べてしまいます。結果、姿勢や顎をうまく保てないため、歯同士が思い切り当たり、顕著に痛みが現れてしまうわけです。

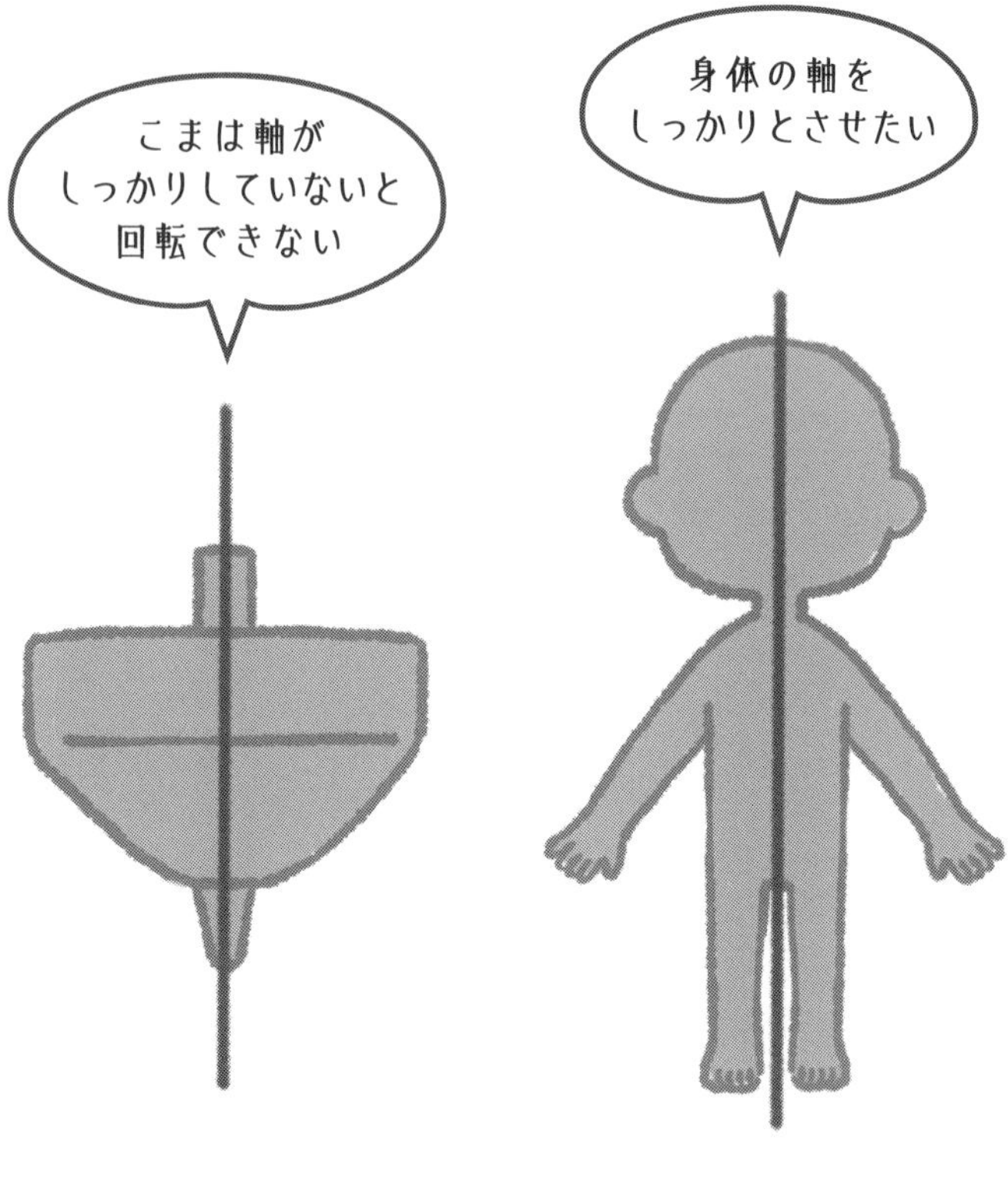
こまは軸が
しっかりしていないと
回転できない
身体の軸を
しっかりとさせたい

痛みは辛いとはいえ、痛い思いをしながら優しい食べ方を身体が覚えていくという側面もあります。赤ちゃんが、転びながら歩くことを覚えるのと一緒ですね。

とは言っても、あまりに痛いときには、本人の希望を聞いた上でやわらかい食べ物やゼリー飲料などを活用したり、鎮痛剤を服用したりと対処していけば問題ありません。

身体の軸を整える習慣として、後述しますが、私は歩くことを強くおすすめしています。その他に「だるまさんがころんだ」をすすめることもあります。そう、みなさんもよくご存じのあの遊びです。

この遊びの何がよいかと言うと、ピタッと止まる動作です。鬼に捕まえられないように、じっと止まる。この動きが、「軸」を整えるのにとてもよいのです。家の中でもできるので、ぜひ成長痛対策も兼ねて親子で遊んでみてくださいね。

お伝えしてきたように「痛み」と言ってもさまざまですよね。

ただどの痛みにも共通して言えるのは、

- ・どこがどれくらい痛むのか
- ・今、困っていること、悩んでいることはあるのか
- ・どんなものなら食べられるのか
- ・薬は飲みたいのか、どうしたいのか

といったことは、子ども自身が答えを持っているということです。
ただし、痛みの感覚はさまざまなので、子どもにとって初めて経験する痛みもあります。その痛みを表現することも、予測することも難しいために、子ども自身が一番不安であることを、お母さんには忘れないでいただきたいと思います。

「聴く」の章でもお伝えしましたが、痛みが発生したら、まずは子どもの訴えによく耳を傾けてみてください。そして、見えているものだけではなく、あら

ゆる可能性を考慮しましょう。

「そんなの気のせいでしょう」「大したことないから大丈夫」と、大人の判断で安易に片付けてしまうのではなく、「もしかしたら、何か他に原因があるのかもしれない」「子どもに聴いてみよう」という視点を持つこともとても大切です。そしてその痛みは必ずなくなるということも伝えながら、子どもが安心できるように一緒に寄り添っていただきたいと思っています。

熱の理由も千差万別

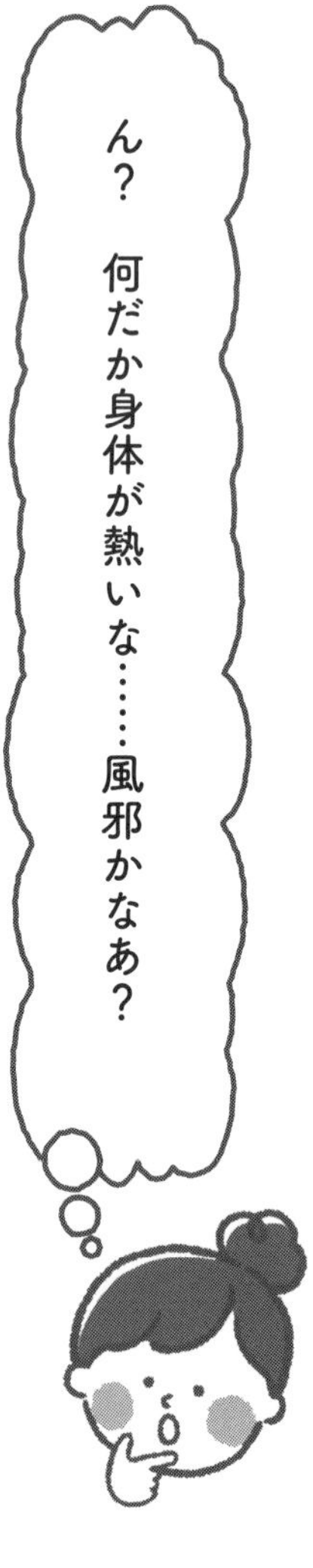

ふとした瞬間に、子どものおでこや手足に触れたとき、発熱を感じるとお母さんは「流行の風邪かしら……」とドキッとしてしまうものです。

しかしまず大前提として知っておいていただきたいのは、熱は身体にとって悪い反応ばかりではないということ。一般的には病気のサインとされていますが、身体を守るために働く重要な防衛反応でもあるのです。

私たちの体内では、常に、外部から侵入してくるウイルスや細菌などの病原体との攻防戦が繰り広げられています。そのときに体温を上げて、殺菌・免疫力を高めようとするのです。つまり、**発熱は身体が病原体としっかり戦っている証拠**とも言えるのです。

子どもは大人よりも体温調節機能が未発達なため、少しのことでも熱が出やすい傾向があります。また風邪やインフルエンザなどの感染症だけでなく、興奮や緊張、環境の変化などによっても一時的に体温が上昇することがあります。

ですから**発熱したら、「すぐに解熱剤で下げなくちゃ」となる前に、まずは子どもの状態をよく観察し、これまでの経過や経験も踏まえて、原因や解熱剤の活用も含めた対処方法を考えることが重要**です。

しかしここで注意しておきたいのが、**解熱剤は熱を下げるための対症療法であり、根本的な治療ではない**ことです。子どもの体力や症状、今までの経過などを考慮して、**医師に相談しながら適切に使用することが大切**です。熱が高いわりに元気な場合は、無理に解熱剤を使う必要はありません。水分をこまめに与え、安静にさせてあげましょう。

一方、ぐったりしていたり、機嫌がとても悪かったりする場合は、注意が必要です。中でも特に「呼吸が苦しそう」「意識がもうろうとしている」といった症状が見られる場合は、すぐに医療機関を受診しましょう。

様子見でよい炎症もある

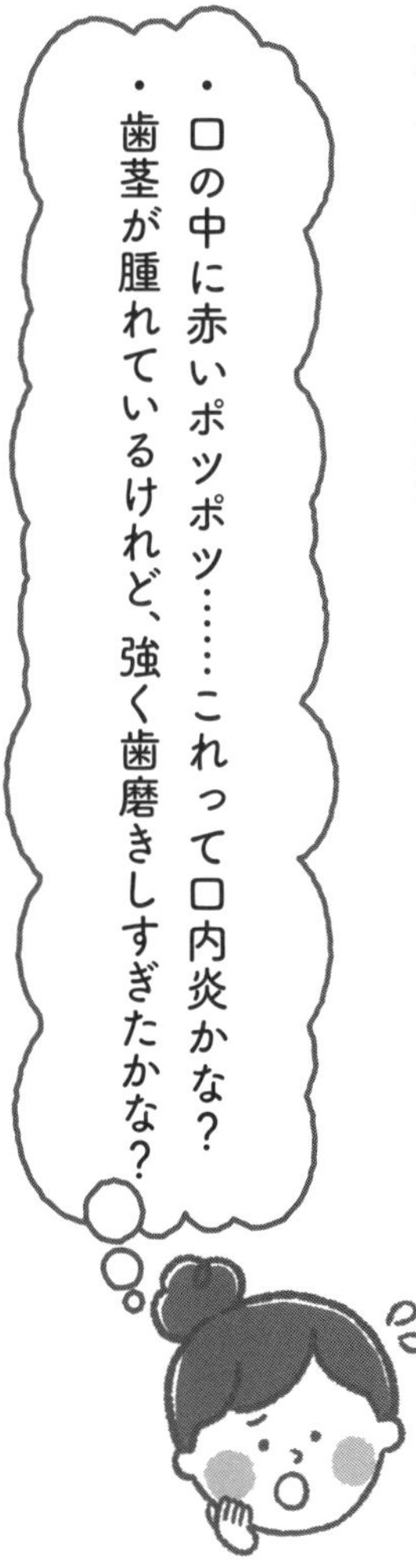
・口の中に赤いポツポツ……これって口内炎かな？
・歯茎が腫れているけれど、強く歯磨きしすぎたかな？

子どものこのような炎症を見つけると、お母さんは心配になりますよね。「痛そうでかわいそう……何とかしなくちゃ」とすぐにでも薬を塗ってあげたくなるし、病院へ連れていかなければと焦ってしまうかもしれません。

もちろん症状によっては、早急に適切な処置が必要な場合もあります。しかし、一見痛そうに見えても、本人はケロッとしていて、普段通りよく食べたり元気に遊んで過ごしたりしている場合も多々あるのです。このようなときは、しばらく様子を見る選択をしても大丈夫であることが多いものです。

私たちは、病気と聞くとすぐ「悪いもの」だと考えがちです。しかし、病気は必ずしも悪いだけではないのです。

例えば、風邪を引くことで身体は外からやってくるウイルスに対抗する術を覚え、免疫力や体力が養われる側面もあります。さらに、鼻水や下痢、熱を出すことは、身体の中に溜まったゴミや老廃物を排泄しているとも考えられるのです。

また、むし歯も「その子にとって必要があるからこそできる」という受けとめ方をすることで、私自身もむし歯ができたからとやみくもに削る、詰め物を詰めるようなことはせず、症状の度合いに合わせて様子を見ることにしました。むし歯ができた理由にこそ、そこに大切なことが隠れていると思うからです。

大切なのは「病気＝悪」と決めつけず、子どもの様子をよく見ることです。

同様に、「熱が出たら解熱剤」「咳が出たら咳止め」と、現代はすぐに薬を使いがちです。もちろん適切に使用すれば、症状を和らげて快復を早める効果がありますが、もしかしたらその症状は、元気になるために、あるいは抵抗力を獲得するために、子ども自身が自力で乗り越えようとしている過程かもしれません。

薬に頼る前に、

機嫌は？
食欲は？
睡眠は？
遊び方は？
お腹の音は？

など、いつもの子どもの様子と比べて気になる点はないか、五感を研ぎ澄ませて注意深く見てみましょう。

あまり神経質になりすぎず、子どもの自然治癒力や発するサイン、ご自身の感覚を信じることもときに大切です。ただし、症状がきつく子どもがとても辛そうだったり、長引いたり、明らかに悪化したりしている場合は、躊躇せずすぐに医療機関を受診するようにしてください。

しかるべき専門家に判断を委ねるのはとても大切

これまで、子どもの様子から読み取れるさまざまな症状や見分け方など、お伝えしてきました。子育てにおいては、五感に加えて、経験値も重要な要素です。「前に熱が出たとき、これくらい食欲があればすぐ快復した」など、お母さんだからわかることも、育児期間が長くなればなるほどたくさん積み上がっていくことと思います。

しかし、そんな育児に慣れたときこそ忘れてはならないのが、少しでも「あれ？」と気になること、「これ、大丈夫かな？」と心配なことがあれば、ためらわずに専門家に相談することです。

「我が子のことは誰よりも理解している」というお母さんの気持ちはよくわかります。それに今は、スマートフォン1台あればネットで情報収集することも容易です。

しかし、ときに経験値を超えた状況も起こりますし、ネットにある情報を集めたとしても、医療に関する知識や経験が豊富な医師などのプロによる客観的な判断が重要です。

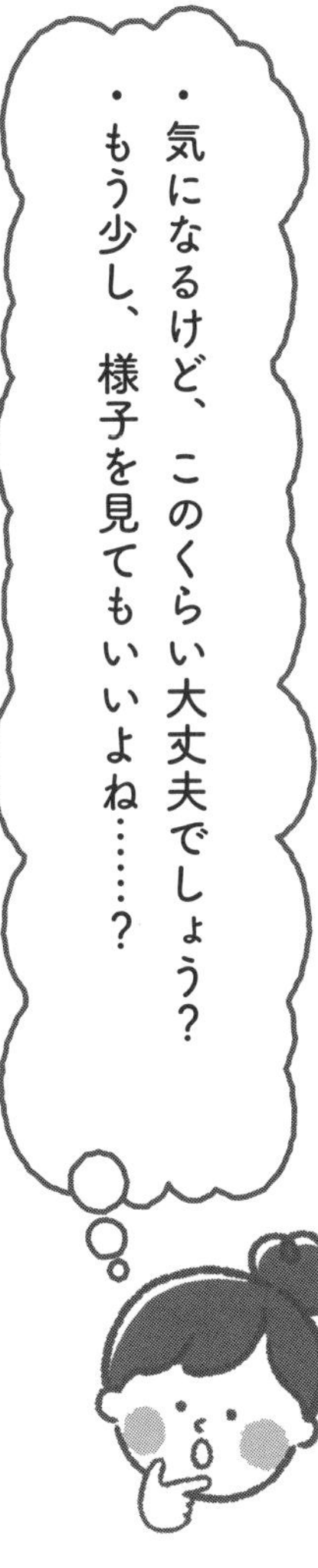
・気になるけど、このくらい大丈夫でしょう？
・もう少し、様子を見てもいいよね……？

そんなふうに、自分の判断に自信が持てず「？」が残る場合は、要注意。子どもの体調は、思わぬ症状に急変することもあります。特に乳幼児は、自分の不調を言葉で訴えられない分、自己判断はできるだけ避けましょう。

そして少しでもいつもと違う様子があれば、写真や動画を撮ったり、メモを取ったりしておくことも大切です。子どもが辛そうだと、お母さんも気が動転してうまく説明できない場合もあります。そんなとき、写真やメモがあれば、より正確に症状を伝えられるので、医師の正しい診断につながりやすくなるのです。

ただし、専門家だからといって診断内容を鵜呑みにしなければならないわけではありません。もし納得がいかない場合は、セカンドオピニオンの選択肢もあります。

セカンドオピニオンとは、現在治療を受けている医療機関とは別の医療機関を受診し、別の医師の意見を聞くことです。診断のための費用はかかりますが、主治医とは異なる視点も取り入れながら、異なる治療方針などを検討できるかもしれません。

「何かあれば、頼れる場所がある」というのは、子育てをしていく上で大きな安心感につながります。信頼できる専門機関は、小児科、耳鼻咽喉科、外科、歯科など複数持っておきたいものですね。

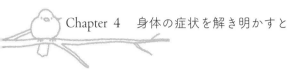

Chapter 5

自立への道中にある「悩み」という喜びについて

よくある悩み、解決の糸口はどこにある？

子どもの「自立」へのステップ

さて、ここまでは、子育てにおける心配事や悩みが起きたときには、「携帯で調べるよりもお母さんの五感を研ぎ澄ませて！」ということを繰り返しお話してきました。

そこで5章では、子どもの「自立」に向かう過程で必ず通るいろいろな「イベント」への対処方法を、ケーススタディと称して見ていきましょう。

Case Study ①

「卒乳」のタイミング

いつ卒乳すればいいのか、悩むお母さんはたくさんいます。特に今は、いろいろな情報が飛び交っていますから、検索結果に並ぶ「〇歳までには卒乳を」「〜〜したほうがいい」といった言葉を見て、焦ってしまう方も多いことでしょう。

先日、当院にも「やめさせないとむし歯になると聞いて……」と相談に来られたお母さんがいました。これまで何度か挑戦したものの、子どもが欲しがって断念。それを繰り返していましたが、1歳を迎えてむし歯も気になり、そろそろ卒乳しなければと思っているとのこと。

私は、そのお母さんにこう伝えました。

「卒乳はお子さんが決めるから、無理にやめようとしなくても大丈夫ですよ」

「えっ！　子どもが？」と驚くお母さんに、

「欲しがればあげればいいし、欲しがらなくなればやめたらいいんです。お子さんと一緒においしく食事しましょうね」とお答えしました。

最近は「おっぱいの形が崩れるのはちょっと」「夜の授乳が辛くて……」と、自ら卒乳を望むお母さんもいれば、「できるなら何歳になってもあげていたい」というお母さんもいます。いずれにしても、子どもの行動や表情から読み取れるニーズに合わせて授乳していれば、スムーズに卒乳できるものです。

逆に、子どもの声に耳を傾けずに卒乳を焦ってしまうと、思わぬことが起きる場合もあります。

例えば、便秘です。当院でも7カ月頃からの赤ちゃんで、健康調査票に「便秘薬を飲んでいる」と書かれていることが多いです。もちろん出ないものは出さないといけませんから、便秘薬を飲むのは大切なことかもしれません。

しかし、そもそもなぜこの月齢に便秘が増えてくるのでしょうか。

多くの育児書や育児情報サイトにおいて、離乳食開始時期の目安として書かれている、この「時期」というのも関係しているかもしれません。

離乳食を始める「時期」とはいつなのでしょうか？

離乳食を始めるには、腸がきちんと動きはじめる準備も必要で、寝返りやずりばいの他、できればはいはいして、おすわりができてから本格的に進めるのが理想的。

とはいえ、身体の発達は、同じ月齢でも赤ちゃんによってそれぞれ違います。

特に最近は、成長がゆっくりの子も多く（早い子は早いです）、1歳半になってやっと歩くのも珍しくありません。それでも離乳食だけは「テキスト通り進めなくては！」と思ってしまうお母さんが多いのです。

まだ腸の準備が整っていない赤ちゃんが、離乳食を始めた場合どうなるでしょうか。食べたものは当然、腸がまだうまく動かないために、詰まって便秘気味になってしまうわけです。

そうした子どもの場合、お母さんがいくら卒乳しようとしても、おっぱいを欲しがります。腸の動きが弱いときには、ミルクや母乳は詰まることなく流れていきます。赤ちゃんなりに、ちゃんと自分の身体の状態を知っていて、身体の調子を整えようとしているのです。

授乳の必要性は、子どもが一番感じとっています。

お母さんたちは、そのことを頭の隅に置きつつ、世にたくさん流布されている情報に流されすぎないように、子どもの状態や、表情や行動を自分の目で見て判断してください。

その子にあった「卒乳」のタイミングが必ずあるはずです。

Case Study ②
子どものいろいろなサインを見極めよう ～見守ることの大切さ

子どもたちは、成長していく過程でトラブルや病気、痛みなど、いろいろな経験をします。

何かあったら、すぐに手を差し伸べてしまいたくなるのが親心、かもしれませんが、すぐサポートや助け舟で介入するのではなく、まずは寄り添い見守ることを意識する、というのが私のスタンスです。その一方で、子どもが必要とするときには、必要な手を差し伸べることに躊躇しません。

とはいえ子どもは、どの子も「助けて」と言葉で発信してくれるわけではありません。むしろ、年齢や経験値などにより、言葉でうまく伝えられないからこそ、表情や態度、行動でＳＯＳのサインを発しているはずです。

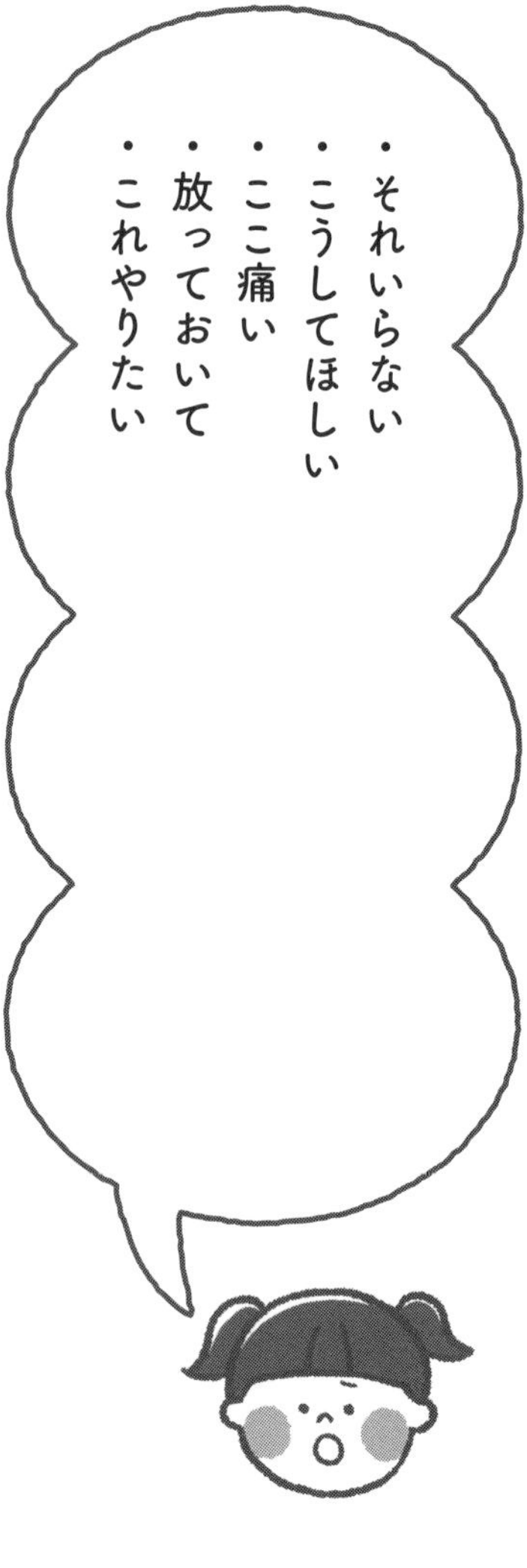
・それいらない
・こうしてほしい
・ここ痛い
・放っておいて
・これやりたい

お母さんは、こうしたサインをキャッチするだけで十分です。

「放っておいて」ならひとまず手を出さない、「やりたい」ならいったんやってもらえばいいのです。

それを「ここはこうすれば簡単だから」などと介入したり、「どうせできないでしょう?」と奪ったりしてしまうのは、ハッキリ言って「おせっかい」なのです。

例えば、子どもがコップをジーッと見たり、持ち上げてひっくり返したりし

ている場合。親はつい「それはコップだよ」「こういうふうに使うんだよ」などと、言いたくなりますよね。

その行動から想像してみると、子どもは「コップ」というものが何なのかをいろいろなことを試しながら、想像し、考え、調べている最中なのかもしれません。

最初は、何もわからないしできなくて当たり前。口を出したい気持ちをグッとこらえて、子どもの「初めて」を観察し、応援しましょう。

離乳食のときに、スプーンをブンブン投げられて困った経験のあるお母さんも、きっといますよね。当院に来られるお母さんたちからも、そのような話をよく聞きます。

何度も投げられると、その都度拾うのは疲れるし、ご飯が飛び散って掃除も大変。だったら「スプーンを取り上げよう」と思ってしまうのは理解できるのですが、ここでよく考えてみてください。

「スプーンは食べるための道具」というのは、あくまで大人が決めたことなのです。

以前、あるお医者さんから「子どもは、スプーンを楽器だと思っているのかもしれませんよ」と聞いて「なるほど……」と納得したことがあります。

確かにスプーンは、投げると「チャリーン」と音がしたり、投げ方によって「ドスーン」や「カーン」と鳴ったりして、いろいろな音を奏でますよね。

もしかしたら、子どもは頭の中で「どんな音がするかな?」と実験しているのかもしれません。

「となりのトトロ」のバス停でのシーン。

雨が傘にあたる音で、トトロが大喜びをするシーンを思い出してみてください。子どもにとってみれば、スプーンを投げると音が鳴るという出来事は、あれと似たような感じなのかもしれません。あのトトロの満面の笑顔と、子どもの嬉しそうな笑顔が重なりませんか?　そう思うと、とても取り上げる気にはなりませんよね。

お母さんは少し我慢が必要ですが、子どもなりの答えが出るまでやらせてあげましょう。

そして子どもが満足したところで、「これはこうやって使うんだよ」と伝えたり、自分が使っている姿を見せてあげたりしてみるのもいいでしょう。

親が先回りして何でもかんでも手伝ってしまうと、子どもは自分で考えることをやめてしまいます。さらには、「自分にはできない」「誰かが助けてくれる」とやらなくなってしまうかもしれません。

お母さんは、おそらくそれを望んでいないはずです。いつかは自分でやってほしいはずです。だからこそ、ときにはじっと見守り、子どもが理解し納得するのを待つことが必要なのです。

「待つ」ことは、愛情です。

子どもが自分の力で問題を解決しようと試行錯誤している間は、温かく見守りましょう。

ただし、困っているとき、明らかな「SOS」のサインが見られた場合には、様子見はそこそこに、「どうしたの？」「何かあった？」と優しく声をかけてみることが大切です。「何をしてほしいのかな？」と要求を聞き出すのも大切です。

そして、子どもが問題を乗り越えられたときには、「よく頑張ったね！」「すごいね！」と、心から褒めてあげてくださいね。

Case Study ③ 自分でできる！ 手伝いすぎないこと

「最近、料理に興味があるみたいで手伝いをしたいと言うのですが、危なっかしいことばかりするので、じっと見ていられなくて……」

4歳の元気な男の子のお母さんは、そんなふうに悩んでいました。

手伝ってくれるのは嬉しいけれど、熱い鍋には触ろうとするし、包丁も使いたがる。できるだけやらせてあげたいのに、「危ないから、これはダメ！」「ここはママがやるね」などと、つい口や手を出してしまうのだそうです。

「料理を手伝ってくれるなんて、頼もしいじゃないですか！　ちょっと心配かもしれませんが、お母さんは監督に徹しましょう」と私は言いました。

「でも、もし怪我をしたら……」とまだ不安そうなお母さん。そこで「必要な怪我もあるんですよ」とお伝えしました。

みなさんも子どもの頃、いろいろな経験をしてきたはずです。その中には、少々痛いことも、危険なこともあったはず。

・お鍋の縁に手が触れて熱かった！
・包丁で怪我をしてしまった！

こんなふうに、危険や失敗などの経験によって、子どもは多くのことを学んでいくのです。

熱い鍋を触りそうになったとき、「危ない！」と大人が大きな声を出すのはかえって危険。子どもがその声にびっくりしてしまって、予期せぬことが起こらないとも限りません。大切なことは「鍋が熱い」ということを子どもが理解することです。

煮えたぎっている鍋なら、当たり前ですが近づくことを制する必要があります。

しかし通常の鍋であるならば、子どもが覗き込んだり、少しだけ手を近づけてかざしたりするなどの行為は、寄り添いながら見守りましょう。子どもが「鍋は熱いもの」ということを理解すれば、いたずらに触ったり覗き込んだりすることはしなくなります。

包丁も「危ないから触っちゃダメ」と取り上げるのではなく、最初はお母さんが補助しながら、野菜を大きく切ってみるなど簡単なことからやらせてみるのはどうでしょう。

いずれのケースも、もし怪我をしても大事に至らないよう、目は絶対に離さないでください。

このとき「もっと早く」とか「上手にね」といった口出しも禁物です。自分のペースで試行錯誤している、子どもの自主性を育てるためにも、ここはグッとこらえて待ちましょう。

逆に、こうした経験が少ないまま成長すると、大きくなってからびっくりするような怪我をしてしまうことがあります。

例えば、高いところからジャンプした経験がない子は、とんでもない高さから飛んでしまって、着地に失敗したり、転んだり、最悪の場合、大怪我をするなんてことがあるかもしれません。

生まれる前からずっと大切に育ててきたのですから、お母さんが心配に思うのは当たり前のことです。とはいえ、子どもは日々成長しつづけています。何もできなかった赤ちゃんは、いつの間にか自分で歩き、ご飯を食べられるようになります。少し寂しいですが、お母さんがお手伝いできることも日に日に減っていきます。

もし、いつも手を添えていることを子どもが自分でやりたがるときが来たなら、

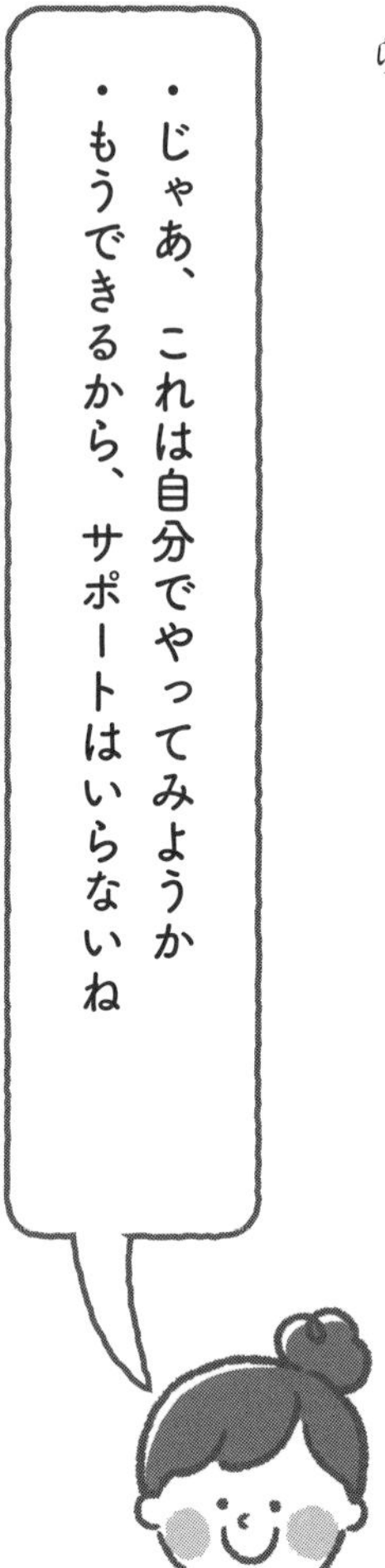
・じゃあ、これは自分でやってみようか
・もうできるから、サポートはいらないね

こんなふうに、子どもを信じて任せてみましょう。
お母さんが見守りに専念し、どんなにゆっくりでも、最初はうまくいかなくても、失敗しても、子どもを信じてやらせることが、子どもの成長にとって重要な鍵となります。

相談に来たお母さんも、「思い切って子どもにやらせてみたら、楽しかったみたいです。少し失敗もあったけど、自信がついたようです」と、後日明るく

話してくれました。男の子も「ぼく、サラダと目玉焼きをつくったんだよ！」と得意げで、何だか一回りお兄ちゃんになったように感じました。

子どもの可能性を、信じてあげてください。

子どもは私たち大人が思っている以上に、たくましさと柔軟性を持っています。危険を回避する力も、新しいことを学ぶ力も、子どもはみんな生まれながらにして持っているのです。

最初のうちは見守ることにヤキモキしたり、心配したりすることもあるでしょう。しかし、そうした時間を経て、子どもが自分でできるようになる喜びをわかち合うことは、親としての大きな喜びであり、子どもにとっても成長するための糧となるはずです。子育ては、親子にとって大きな学びの場。ぜひ子どもと一緒に、お母さんもパワーアップしていきましょう。

Column コラム

親という字は木の上に立って見る

本書では「見守る」ことの大切さを、繰り返しお伝えしていますが、これは簡単そうに見えて意外なほど大変なことです。なぜならその背景には、お母さんやお父さんの忍耐が必要不可欠だからです。

子どものやることなすことに、口や手を出していくほうがよっぽど簡単です。親も子どももすぐに安心を手に入れることができますし、「やってあげたい」という気持ちは、親として自然な愛情表現だとも思います。

しかしそれでは、自分で考え行動する自立心がなかなか育ちません。親がやってくれるのが当然、常に受け身であることは、将来自分の足で立って生きていくことが難しくなることすらあるかもしれないのです。

「親」という漢字は、「木の上から小鳥の巣立ちを見守る親鳥」に例えられることがあるように（諸説あり）、思い切って（物理的もしくは精神的に）少し離れた場所から子どもの成長を応援する。そうしたプロセスが、子どもが自ら成長できる力を養うために重要だと思っています。

子どもの手を放して見守ることは、親にとっては忍耐であると同時に勇気のいることです。自立への一歩は子どもにとってチャレンジですが、親にとってもまた、チャレンジなのです。

とはいえ、四六時中、気を張り詰めて子どもを見守りつづけることも難しいと思います。お母さんにばかり負担がかかる、といった家庭もあることでしょう。そんなときは、周囲の他の大人を頼ることも忘れないでください。いくらどんどん成長するとはいえ、子育ては長丁場。お母さんが上手にリフレッシュできて、気持ちに余裕を持てる環境を整えることも大切です。

「かわいい子には旅をさせよ」とは、昔の人もうまいことを言ったものだなと思います。大きくなるにつれて、子どもたちの世界もどんどん広がっていきます。いずれは、子どもが自分の意志で決めた道を進み、親の目が届かない部分も増えていくでしょう。

そのときに、しっかりと自分一人で歩いていけるように。怖気付いて、元来た道を戻るばかりではなく進めるように。愛しているからこそ、「この子には、少しハードルが高いかな？」と思うようなことも、本人にやりたい気持ちがあれば、子どもの力を信じてチャレンジさせてみるのです。

もしも失敗して子どもが落ち込んでしまったときには、そっとそばに寄り添ってあげればいいのです。

そうした「手を出さない」という親の愛情を一身に受けた子どもは、失敗し、苦労や挫折も味わいながら、一回りも二回りも大きく成長できる。

たくさんの親子と対面してきて、私はつねづねそう感じています。

Chapter 6

感覚を研ぎ澄ませて歩こう

歩くことは万能である

自分に備わっている〝五感〟を大切に子育てをしてほしい

これまで、お母さんが五感を通して子育てをする大切さを、いろいろお伝えしてきました。

触る
見る
聴く
嗅ぐ
味わう

5つの感覚の始まりであり、すべての入り口となる「口」を毎日見ている私だからこそ気づけたこと、日々感じていることを、みなさんにお届けできていたらとても嬉しいです。

中には、「私には難しいかも……」と思うようなこともあったかもしれませんが、大丈夫！

私たち人間には、子どもや家族、そしてお母さん自身の健康と安全を守るために、五感という機能がもともと組み込まれ、いにしえの時代から意識せずともそれらを子育てに活用してきたのですから。

特別な道具は何も必要ありません。お母さんの身体ひとつあればできることなのです。

もっと、ご自身に備わった五感を信じてみましょう。

そしてその感覚を日常的に使い、もっと研ぎ澄ませていくことができれば、おのずと子どもの五感も豊かに育っていくはずです。

最後の章では、そのために今日から生活に取り入れてほしいポイントを紹介していきます。

歩くことが口の生育と関係する？

私は20年以上、保育園の歯科健診を通して、子どもたちの口の状態の変化を目の当たりにしてきました。ひと昔前までは、むし歯のある子が多かったのですが、近年はガラリと変わり、ほとんどの子はよく磨けていて、むし歯も非常に少なくなりました。

一方で、昔と比べると明らかに歯並びの気になる子、顎の発達が心配になる子は増えているように感じます。顎の成長がゆっくりなために永久歯の生えるスペースが心配になったり、生え変わりが極端に早かったり、逆に遅かったりするケースも目立ちます。さらには、生まれながらにして永久歯の本数が足りない「永久歯先天性欠如」も増加傾向にあり、日本小児歯科学会の調査によると子どもの10人に1人の割合で発生しているということです。

もちろん問題のない子も一定数いるものの、歯の生え方や顎の成長の仕方、それぞれの速度にも、以前より大きくバラつきが見られるようになった……これが、現代っ子の歯の生育についての私の印象です。

子ども一人ひとりの個性といえばそうなのですが、私はこの背景に「日常的に歩くことが減った」ことが透けて見えるような気がしてなりません。

歯の生育の問題になぜ「歩くこと」が関係してくるの？　と思われる方もいらっしゃることと思います。

前述した通り、歩くことは、足腰の筋力や体力を育むだけでなく、身体の軸を鍛えます。重い頭を支えながら、背骨をバランスよくひねり、肩、腰、足を左右対称に動かすことで、身体の真ん中に1本の軸のように筋肉（コアマッスルと言われるような体幹を支える筋肉）が作られていくのは、何となくイメージがつくと思います。

中でも顎は、全身のセンサーでありバランサーです。しっかり歩ける軸ができると、頭が適正な位置に収まり、顎もそれに伴って適正な位置に来るようになっているのです。

一方で、軸がブレてしまっている場合は、頭の位置が定まりません。顎は頭の位置を適正にするように何とか身体のバランスを取るために右に行ったり、左に行ったりしてズレ始めるのです。その結果として、顎の成長や歯並び、上下の歯の噛み合わせなどに影響が出る場合があるというわけです。普段何気なく歩いていますが、実は健康な身体を維持するために、欠かせない大事な動作なのです。

それほどに大切な「歩く」という動作、最近は子どもの歩く練習の機会をうばっている親御さんが増えているように思います。

・歩けるけれど、ついベビーカーに乗せてしまう
・移動は親の自転車に子どもを乗せるか、子どもが自分の自転車やキックボードなどに乗る
・どんな場所でも、基本的に車で移動する

おそらく親にとってみれば、「そのほうが早く移動できるから」「ちょろちょろ動き回れなくて危なくないから」といった理由もあるのでしょうが、移動手段が増えたこともあり、現代の子どもたちは昔よりも歩く機会が格段に減っているのです。

また余談ですが、最近の子どもたちは「よく走る！」と感じませんか？　当院にいらっしゃるお母さんたちも「子どもがすぐ走り回って追いかけられないから、移動は大体自転車なんですよ」という方もいますし、院内でも通学路やスーパーでも、走っている子どもをよく見かけます。

そもそも子どもは走るのが好きですし、適度に走ることは成長や発達の上でも悪いことではありません。しかしこれも個人的には、身体の軸が弱いと「歩くよりも走るほうが楽だ」と感じて、無意識に走ってしまう子もいるのではないか、と推測しています。そもそも単純に子どもは走ることが好きだから走るだけなのかもしれませんが……。

一見、歩くことと走ることなら、走ることのほうが圧倒的に大変そうだから、子どもが走りたがるのはなぜなのかと考えてしまいますね。

見た感じは歩くことのほうが楽に見えますが、実はそうではないことがわかっています。

歩くときは、必ずどちらかの足が地面に着いているために上方向に重心は持ち上がらず、前方向に足を運ぶエネルギーのみがかかります。対して走るときは、一瞬でも身体が宙に浮くので重心が持ち上がり、さらに足を前に運ぶエネルギーも必要になるので、結果歩くよりも大きな筋肉を使い、使い方も違います。

ゆっくりなペースだと歩くほうがエネルギー消費が少ないのですが、速度が上がれば上がるほど、走るほうが楽になるという体の理屈があるので、もしかすると子どもたちは、本能的に走りたいのかもしれませんね。

もちろん、元気に走れるのは素晴らしいこと。とはいえ、「うちの子、歩くのは嫌がるから……」「走っているし……」と、子どもを歩かせない選択をしてしまう方には、あえて「本当にそのままでいいですか？」と問いかけたいです。

なぜなら、歯や顎の状態をよくする以前に、自分の足で「歩く力」は「生きる力」にも通じると言っても過言ではないからです。

人生100年時代、健康でイキイキと思い切り楽しめるように、患者さんたちには「ぜひ親子で一緒に歩く時間を取り入れてみてください」とお伝えしています。詳しくは後述しますが、歩くことは歯や顎のためだけでなく、豊かな心や五感を健やかに育むためにもおすすめですよ。

歩くことはすごい！

繰り返しになりますが、五感を高める、最も身近な方法。

それは、歩くことです。

足で地面を踏みしめ、手や腕で風を切りながら歩く。周囲を眺めてみたり、思い切り息を吸い込んでみたり。すると、いろいろな景色が目に入り、いろいろな音や匂いも感じることができるでしょう。自然の多い場所であれば、なおよしです。

ただ歩くだけで、そうしたさまざまな刺激を適度なスピードで一気に脳へ伝えることができるなんてすごいと思いませんか？

またそれだけでなく、４章で触れたように歩くことは身体にブレない軸をつくり、身体のバランスを整え、運動機能を高めることにつながる。また、身体を左右対称に動かすことで、背骨にねじりが加わり、肩甲骨や骨盤が動く、歯や顎を適正な位置に戻すといった重要な役割もあります。

しかし、この「歩く」という行為は、現代人にとって意外と難しいこと。

江戸時代の人々は、1日30〜40㎞歩いていたと言われます（諸説あり）。これは大体、東京都の日本橋から横浜くらいの距離。当時の人たちの健脚ぶりがうかがえます。

対して現代の日本人はどれくらい歩いているのかといえば、約5㎞ほどと言われています。人によってはもっと少ない場合もあるでしょうね。

みなさんも、最近どのくらい歩いたか思い返してみてください。

- 子どもの園や習い事への送迎
- 近所のスーパーへの買い出し
- 小児科や耳鼻科への通院
- 家から最寄り駅までの移動

日常的なこの移動には、おそらく大半の方が自転車や車を使っているのではないかと思います。

特に、仕事に育児に忙しいお母さんたちは、移動時間で1分1秒も無駄にしたくないもの。乗り物でサクッと効率的に済ませたいという気持ちはよくわかります。

また自分は歩いたとしても、子どもが歩くのが遅かったり、ちょろちょろ動いて危険だったりすると、仕方なくベビーカーや子ども用自転車に乗せるという場合もあるでしょう。

だからこそ、意識的に親子で歩く時間を取り入れてほしいと思うのです。保育園の送り迎えの全部とは言わず、一部でもいいのです。

患者さんたちにおすすめしているのは、休日や学校のない長期休暇などには、朝のウォーキングです。夏の暑い時期なら朝6〜7時頃であれば比較的快適に歩くことができます。例えば、ワンちゃんの散歩やゴミ捨てなど、何かのついでに歩く習慣を入れてみましょう。

夜更かし傾向の子どもには、朝早く起きて体を動かすことで、お腹も空いて朝食も美味しくなり、夜も早く眠くなりますから、生活リズムの改善にも役立ちます。良いこと尽くしです。

地球上にはさまざまな動物がいますが、その中で真っ直ぐ立って2本の足で歩くことができるのは人間だけです。この理由としては諸説ありますが、「外敵をいち早く見つけて身を守るため」といったことの他に、「二足歩行のほうがエネルギー効率が良く疲れにくい」とも言われています。つまり、2本の足で歩くのは、身体にとってもメリットがあるのです。

歩くことは良いことばかりですが、さすがに江戸時代の人ほど歩こうとは言いません（笑）。

ぜひ無理のない範囲で、子どもと一緒に楽しく歩いてみてください。普段気づかないような季節の変化などを感じることで心も豊かになり、会話もはずむことでしょう。きっと、「あ、変わったな」という変化をたくさん感じることができると思います。

便利グッズは知識を持った上で使いましょう！

簡単に装着できる抱っこ紐、おしゃれな授乳クッション、お座りさせやすいバウンサーや椅子……。今の世の中にはお母さんにとって便利なアイテムがたくさんあります。

助けられる場面がたくさんあると思います。必要に応じて利用するといいですよね。

ただしそうしたアイテムを使うことで、何がどのように便利になってどんな楽ができるのかを知ると同時に、かえって大変になることがある可能性も理解しておくことが大切です。

例えば、授乳クッションやバウンサーは、3章でお伝えしたように、使い方次第で、赤ちゃんの舌の位置が変わってしまう可能性があります。

本来、人間の舌は上顎にくっついていくもので、そのためには**舌筋といわれる舌の筋力と使い方のバランスが必要**です。その力は赤ちゃんの場合、おっぱいやミルクを飲むときに身体が丸まることで自然と舌に力が入りやすくなるわけですが、授乳クッションやバウンサーに乗せて身体を伸ばした状態になると、赤ちゃんの舌は動かしにくくなることもあるのです。

ですから、昔のお母さんたちがしていたような、赤ちゃんを丸まった状態で抱いておっぱいやミルクを飲ませる姿は、実は理にかなっているのです。

とはいえ、授乳クッションやバウンサーが必要となる背景があることも理解できます。

その理由はいくつかあると思いますが、ひとつに、お母さんたちのやることが多いことが挙げられます。

心の中では、ゆったり時間を気にせずに抱っこし、赤ちゃんのペースに合わせて授乳をしてあげたいと思っているお母さんも多いことでしょう。赤ちゃんによっては、じっくり時間をかけて哺乳する子もいます。

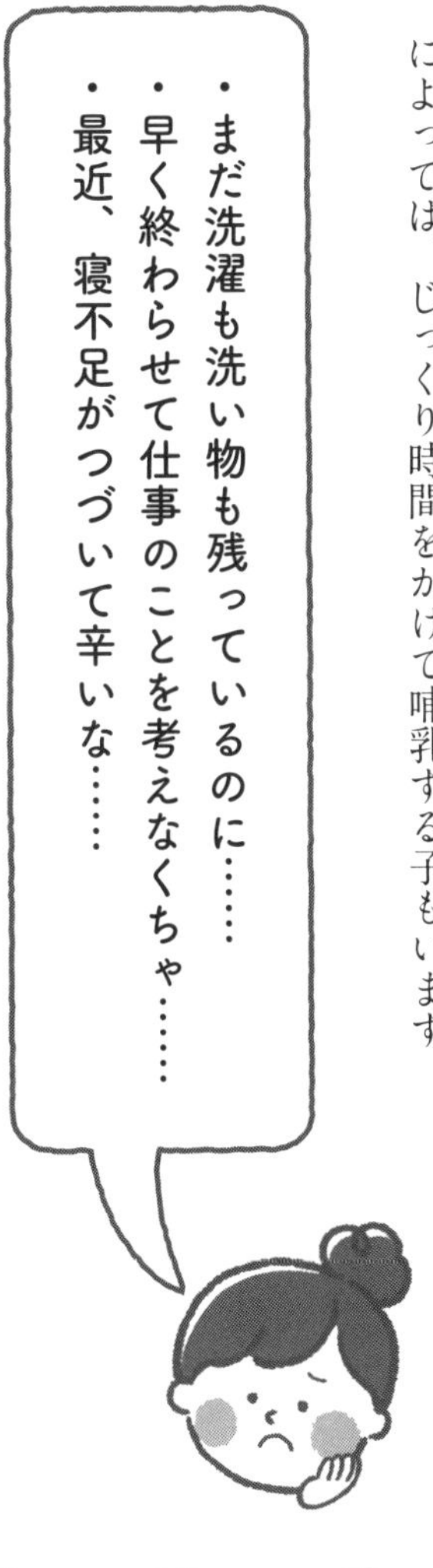
・まだ洗濯も洗い物も残っているのに……
・早く終わらせて仕事のことを考えなくちゃ……
・最近、寝不足がつづいて辛いな……

そんな気持ちの中、もしもバウンサーに乗せてゴクゴク飲んでくれたら……それならこの方法でミルクをあげても大丈夫だと思って、大いに使いたくなりますよね。

いずれにしても、お母さんが穏やかな気持ちで育児ができる方法を見出すことは、とても大切です。

バウンサーを利用する前に、一度、背骨を丸くした抱っこで行う授乳を試してみてほしいのです（P128参照）。

身体を丸めたことで赤ちゃんの舌にグッと力が入り、飲みやすくなります。スピードが早くなる子もいるかもしれません。赤ちゃんが哺乳しやすくなるのです。さらに舌の圧力で上顎が広がります。

赤ちゃんにとって、飲むことは全身運動です。だから一生懸命に全力で飲んだら、疲れてまたぐっすり眠る……さらに顎の成長が促され、将来きれいに歯が並ぶためのベースが準備されていきます。

そんなことをイメージしながらぜひトライしてみてください。

効果や良さを実感してもらえるかもしれません。

その上で、ポイントをおさえて便利グッズを使うように工夫すれば最高ですね。

もうひとつ便利アイテムを使いたくなる理由として、お母さんの筋力も部分的に弱くなってきているという面もあります。

赤ちゃんとはいえ、4、5キロもある存在を、何十分も抱えるにはそれなりの腕の筋肉や背筋が必要です。背筋は介護に必要な筋肉ともいわれていますが、最近の傾向として、この背筋も明らかに弱くなっています。

背筋力の測定が学校から消えたのも、そんな背景からと聞いたことがあります。

以前に比べると、移動手段が増えて歩くことが減り、自分を支える軸となる筋肉のバランスが弱い方も多くいらっしゃると思います。

自身を支えるのもやっとというお母さんたちが、赤ちゃんをも支えるのは当然難しく、赤ちゃんを抱きたくても抱きつづけられないという現実もあるのです。

子育ては長いスパンでつづきますし、何よりお母さんの人生は子育てが終わったあともつづくのです。

将来、子どもに迷惑をかけたくないと思っているお母さんも多いはず。

便利アイテムは、恩恵もたくさんあります。いろいろなものが続々と出てきて、お母さんのストレスや疲労を軽減するように、上手に活用してほしいのです。

活用していく中で、赤ちゃんに負担をかけてしまうことがあるかもしれません。でも、楽しく円滑に、子育てができることが大切です。赤ちゃんに多少なりとも負担があることを知った上で、その負担を赤ちゃんとお母さんでわかち合えばいいのだと思います。立って抱っこするのが大変ならば、座って抱っこするのも、もちろん「あり」なのです。

今のように便利なものなどない先人たちが、本能と経験から生み出した方法で赤ちゃんと密着し、赤ちゃんの重みや温かみ、匂い、お腹の音……そんなものに全神経を傾けてみるのも素敵な時間です。

そうした機会を持つたびに、お母さんの五感は刺激されて、五感アンテナはどんな小さなサインも見逃さないさらに感度の高いものになりますよ。

子どものできる力をもっと知ろう

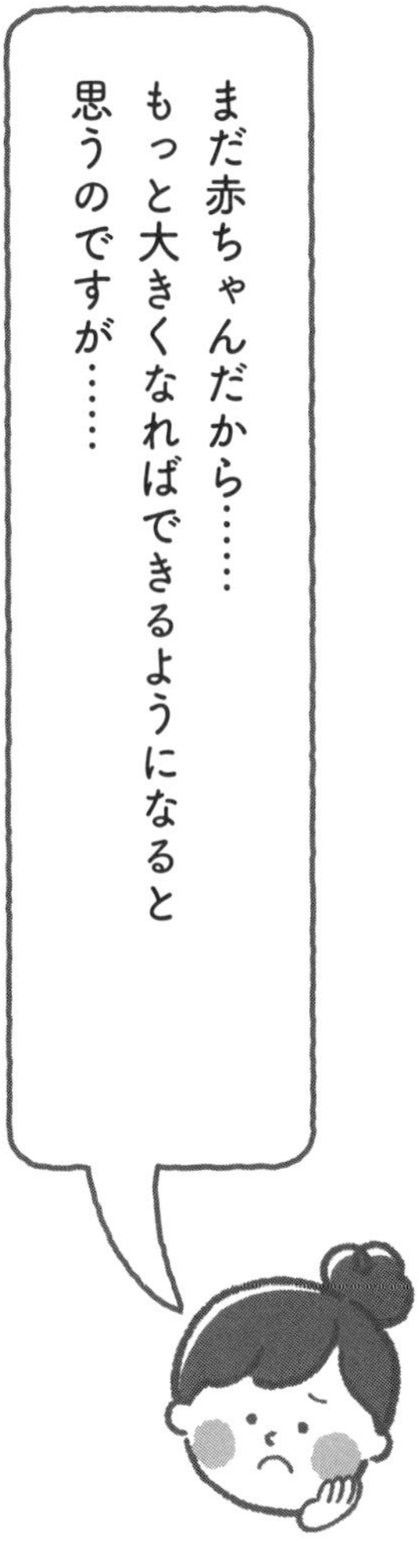
まだ赤ちゃんだから……
もっと大きくなればできるようになると
思うのですが……

そんなふうに子どものことを話すお母さんがとても多いのですが、私からしたら「とんでもない！　もうこのお子さんは、いろいろできていますよ！」と言いたくて仕方ありません。

例えば、前項でお伝えした赤ちゃんを丸まった状態で抱っこする方法も、最

初は「落としてしまいそう」「ちゃんと抱けないかも」と怖がるお母さんもいると思います。

重い頭にバタバタと動く手足、のけぞる身体。

どうやって支えたらいいのかわからなくなりそうですね。

しかし、実は生まれたばかりの赤ちゃんだからこそ、適切に抱っこすれば自分の力で丸くなってお母さんの腕の中にすっぽり包み込むことができるのです。

だって赤ちゃんはみんな、お母さんのお腹の中にいたとき、手足をまとめて丸くなっていたでしょう?

お腹の中の姿勢と同じように、腕は「W」、脚は「M」の形にしてあげれば、赤ちゃんは自然に丸まり、安定して抱っこできるはずです。それでも怖ければ、バスタオルやおくるみで包んで丸めてあげると抱っこしやすくなるでしょう。

お腹の中でできていたことなのだから、生まれてからもできる。

考えてみたら当たり前のことなのですが、お腹から出た途端、ぎゅっと丸まっていた赤ちゃんの手足は重力でビヨーンと伸ばされてしまいます。しかも、まだ筋力も弱いのでそれを戻すことも大変なのです。

そんな様子を目の当たりにしたお母さんが、「自分で丸まれない」と思うのも無理はないでしょう。

でも、赤ちゃんは自分でできる力をちゃんと持って生まれてきています。

ですからお母さんは、それをサポートしてあげるだけで本当は十分なのです。

それを知れば、もう抱っこを怖がる必要などありません。大変ならばソファーに座って抱っこしてもいいのです。

また、赤ちゃんは自分の体調を自分で整えることだってやっているのです。

歯が生えたての赤ちゃんの定期健診で来院したお母さん。

「せっかく離乳食を始めたのに、おっぱいばかり欲しがってなかなか進まなくて……」と、不安と焦りが入り混じった表情をされていました。

「赤ちゃんのお腹の調子はどうですか？」と聞くと「そういえば最近便秘気味ですね」と赤ちゃんのお腹をさすります。

「お母さんそれはね、赤ちゃんからのメッセージですよ」私がそう言うと、お母さんは「えっ！」と驚いた様子。

いくら全粥のようなドロドロとした離乳食も、母乳に比べれば固形物であり、消化に負担がかかります。赤ちゃんはそれまで液体しか口にしていなかったわけですから、固形物がきたら腸を動かすようになっていきます。

そこで赤ちゃんは、腸があまり動かなければ、母乳やミルクを欲しがることで、腸の動きが弱くても、口から入ったものが進みやすく消化しやすくなるように調整しているのです。

そのお母さんは、離乳食を標準通りに進めようと焦るのはやめ、のんびりでも赤ちゃんのサインに合わせていくことにしたそうです。後日、来院して「やっと離乳食もしっかり欲しがるようになったんです」とニコニコ話されるのを見て、私もとても嬉しくなりました。

子どもって本当にすごいですよね。

言葉で表現できない赤ちゃんだからこそ、**表情や行動、ときに音や匂いできちんと私たちにメッセージを送っているんです。**本当にすごいですね。

そのことを認識するだけで、お母さんの五感アンテナはグッと幅広い情報をキャッチし、対応を考えられるようになります。さらに、それによって子どもたちの可能性もまたどんどん広がっていくと、私は思っています。

刺激のある毎日が五感を育てる

子どもと一緒の外出は、正直言って本当に大変ですよね。特に兄弟がいたり、歩きたての小さな子がいたりといった家庭では、自宅から目と鼻の先にある公園に行くのでさえ、大騒ぎ。そんなお母さんもたくさんいらっしゃるでしょう。

お母さんと子どもの五感を磨くためにも、ぜひその大変さを飛び越えて、子どもと一緒にいろいろな場所に行ってほしいと思います。なぜならそこで、何かを見たり、触ったり、聞いたり、嗅いだり、食べたり、五感をフル活用する体験をすることで、その刺激によってどんどん情報が脳へ伝わり、さらに研ぎ澄まされた感覚が養われていくからです。

行く場所は、どこでも大丈夫。電車やバスに乗って少し遠出するのもよいと思いますし、近所の公園でも児童館、本屋やスーパー、コンビニだってよいと思います。

・次は、何色の電車が来るかな？
・あ、緑の葉っぱがきれいだね
・この石、ザラザラしておもしろいね
・これ、きれいな色のパッケージだね

そんなふうに、子どもとおしゃべりをしながら、歩くことができたらなおよいですね。

公園で誰かと仲良くなったりケンカしたり、ご機嫌斜めになって泣いてしまったりすることもあるかもしれません。

それも子どもにとってみれば新しい刺激となっているのです。

トラブルはなるべく避けたいと思うものですが、**どんなことも子どもにとってはすべてが得難い経験。**家の中だけではできないことを、できるだけ体験してもらいたいですね。

一日中家の中で過ごすより、いろいろな場所に行って、いろいろなものを見たり聴いたり触ったり味わったり嗅いだりするほうが、五感だけでなく筋力、体力、そして強い心さえも育っていくのではないかと確信しています。それはたくさんの子どもとの出会いを通して確信してきたことで、昔も今も変わらないなと思っています。

ぜひお子さんと一緒に、「明日はどこに行って何をする？」とワクワクしながら、楽しい計画を立てましょう。

第六感も大事にして

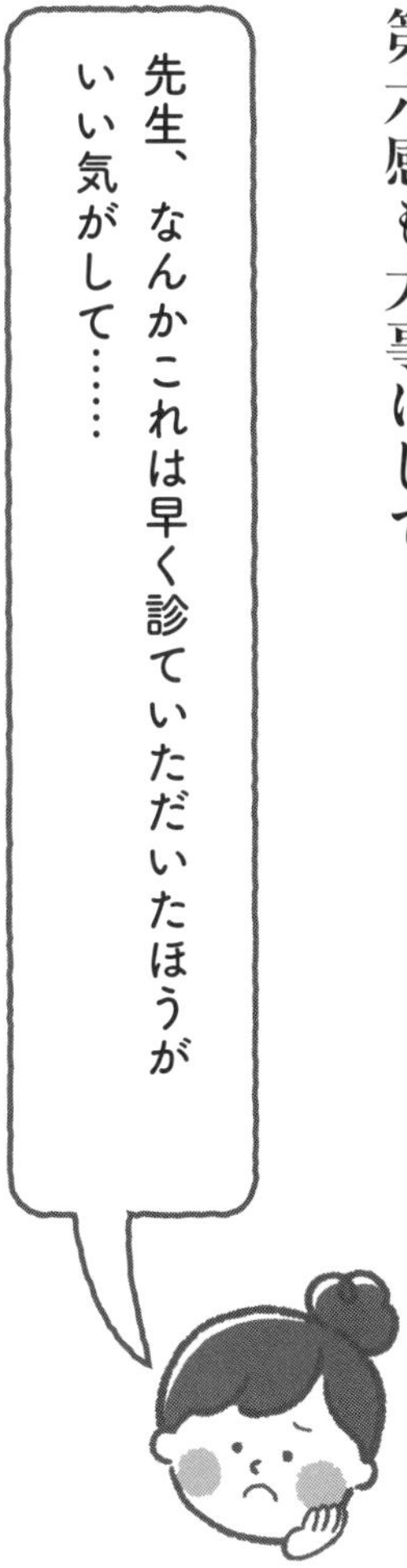
先生、なんかこれは早く診ていただいたほうがいい気がして……

そんなふうにお母さんが言うときは、「あぁ、お母さんよく気がつきましたね。これはお子さんも相当辛かったと思います。今日来られてよかったです」といった、「ナイスタイミング」であることが多いです。

そんな出来事に出合うたびに、私はお母さんの「第六感」を感じずにはいられません。

「いやいや、私にはそんな力ないです」という方も思い出してみてください。

第六感、なんていうと特殊能力みたいに聞こえるかもしれませんが、そうではありません。

例えばよく聞くのが、出かけるときに「今日傘持って行ったほうがいいかな……」とふと考えが浮かんできて、その通りにすると出先で雨が降る、なんて経験ですね。これもささやかですが、第六感が働いているんですね。

世のお母さんは、とりわけ子どもの生命に関わることに対して、きちんと第六感が働いていると思います。

「やけに静かに遊んでいるな」と思った次の瞬間、嫌な予感がして子どもの身体に触ってみると、案の定熱くて発熱していた。そんなこともよくあるでしょう。

第六感が外れることも、もちろんあります。そのような場合は「何もなくてよかった!」という喜ばしいことなので問題ありません。

男女の精子と卵子が出会って、１人の赤ちゃんがこの世に生まれてくる確率は70兆分の1とも、はたまた１４００兆分の1とも言われています。

いずれにしても、今みなさんとお子さんが親子として存在していることは、想像をはるかに超えた「奇跡」であることは確かです。赤ちゃんが生まれることも奇跡なら、その子をお腹に宿したお母さんの存在もまた奇跡なのです。

そう考えると、お母さんに第六感が備わっていることは、何ら不思議ではないのです。

たくさんの奇跡を経て生まれた親子にだけ存在する、科学や言葉では説明できないような不思議な力。そんな第六感もまた、五感と同じように日々磨き上げていきたいものですね。

具体的にどうやって磨けばいいのか。こればかりは、人智を超えた力であるため難しいようにも思いますが、私自身は「理屈ではなく浮かんできた声」や「嫌な予感」など、昔の人がいうところの「虫の知らせ」というものを、無視しないことが大切ではないかと思っています。

おわりに

本書を最後まで読んでいただき、ありがとうございました。

原稿を執筆していく途中、幾度となく葛藤を繰り返し、何度もペンが止まりました。

「歯科医師が歯以外のことを言っても、聞いてもらえないのではないか」

「小児歯科専門であって、子育ての専門家ではないのに書いていいの？」

何年も前から伝えたいことはあった。

でもそれは、私がやるべきことなのだろうか？　何度も悩みました。

でも、そのたびに励ましてくれたのは日々診察に来るお母さんたちであり、子どもたちの笑顔でした。

ケガをして歯をぶつけてくる子や、むし歯がなかなかなくならない子たち。

そんな子どもたちに必要な処置をして、「また元気に遊んでおいで！」と送り出してきました。

そうすると子どもたちは、少しずつ変わっていくのです。

自分で「何が危険で何がダメなのか」を学習し、徐々に遊び方や力の加減がわかっていくのです。

小さな身体、柔らかな心のままに、伸びやかに成長しつづける子どもたち。

彼らの「成長力」を見せられるたびに背中を押され、私もまたこの本を通して「成長したい」、そう思ったのです。

本書を読み、スマートフォンを置いて「自分の感覚を信じよう」というお母さんへ。

最初のうちは、子どもに必要以上に手を出したり、子どもができないことにフォーカスして心配になったりするかもしれません。

どうか、ダメな親だと自分を責めないでください。
そしてここまで頑張ってきた自分を褒めてください。

お母さんが最良の選択をしてきたから、目の前のお子さんが生きているのです。

これからお子さんを見つめつづけていく中で、〝我が子の専門家〟であるお母さんオリジナルのカルテが作られていきます。それがストックされていけば、もし何か困りごとがあっても動じることなく、「今何を伝えようとしているのか」という気持ちで、お子さんの心に寄り添っていけるはずです。

しっかりと子どもを見ること。
成長を信じて待つこと。
そして、どんなときでも子どもが持つ「成長の力」を信じること。

この3つを意識したときから、あなたはすでに変わり始めています。どうかその成長を応援しながら、進んでいただけたら嬉しいです。

いくつになっても、人は成長できるのです。

私自身も自分の「成長力」を信じ、これからも学びつづけようと思います。

本書を書くにあたりさまざまな方にお世話になりました。

誰よりも、私を信じて医院に足を運んでくださったご家族に本当に感謝しています。そして、最後まで本書を読んでくださったみなさまに感謝を込めて筆をおきたいと思います。

本当にありがとうございました。

二〇二五年一月　鈴木祥与

著者プロフィール

鈴木 祥与《すずき さちよ》

小児歯科専門医。さちこども歯科院長

静岡県生まれ。

北海道大学歯学部卒業。卒業後鶴見大学歯学部小児歯科学教室に入局、診療科助手から助手になり7年在籍。在籍中には多摩療育園などの障がい児の診療にも従事。2000年2月川崎市高津区で小児専門の歯科医院である橘こども歯科医院を開設。2018年9月に川崎市中原区に移転、医院名をさちこども歯科として現在に至る。

赤ちゃん・子ども専門歯科医師として、日々大勢の子どもたちの診察をする傍らで、子育てに奮闘するママたちの力になりたいとの思いから親子のための育みサロン・Ann Sachiを開設、悩み多き子育てママたちの寄る辺となっている。趣味は旅行とダンス。座右の銘は「今ここがすべて」。

さちこども歯科HP ▼

Ann Sachi HP ▼

装丁デザイン／野口佳大
本文デザイン／ tomoart
装画・本文イラスト／小瀧桂加
制作協力／松本圭司（株式会社のほん）
編集協力／掛端 玲、吉田裕美、久保田まゆ香
編集／坂本京子

五感を研ぎ澄ませば子どもがのびのび育つ！
ハッピーがつづく「五感で感じる」子育て

2025年1月31日　初版第1刷発行

著　　者　鈴木祥与
発 行 所　株式会社 游藝舎
東京都渋谷区神宮前二丁目 28-4
TEL：03-6721-1714
FAX：03-4496-6061
印刷・製本　中央精版印刷株式会社

ISBN 978-4-911362-03-7　C0037